KB204019

말씀에 점을 찍고 승리하라

믿음이란 한 알의 밀알이 땅에 떨어져 죽음으로 많은 열매를 맺음과 같이
진리의 열매를 위하여 스스로 죽는 것을 뜻합니다. 눈으로 볼 수 없으나
영원히 살아 있는 진리와 목숨을 맞바꾸는 자들을 우리는 믿는 이라고 부릅니다.
「믿음의 글들」은 평생, 혹은 가장 귀한 순간에 진리를 위하여 죽거나 죽기를 결단하는
참 믿는 이들의, 참 믿는 이들을 위한, 참 믿음의 글들입니다.

말씀에 점을 찍고 · 승리하라

이재정

홍성사

차례

추모의 글

하나

"장로님. 커피 한 잔 하셔야죠."

마음씨 좋은 소탈한 이웃집 아저씨 같았던 목사님의 목소리가 아직도 귀에 생생합니다. 목사님은 뛰어난 유머감각으로 우리들과 담소하기를 무척 좋아하셨습니다.

작년 12월 중순경 코로나 감염으로 자가 격리 치료 중 견디기 힘드셨는지 병원으로 가시면서 전화상으로 "김 장로님. 이제 정리를 해야 될 것 같아요" 말씀 남기시고 병원으로 가셨으니, 이미 죽음을 예견하고 계셨던 것 같습니다.

병원에 입원하신 지 이틀 후, 청천벽력 같은 소식이 들려왔습니다. 선교지를 향한 남다른 열정 때문에 안 좋은 시기에 한국에서 인도네시아로 입국하셔서 선교활동의 기틀만 마련하시고 하나님의 부르심을 받았습니다. 그 당시에 저희 성도들이 참으로 안타까웠던 것은 그런 위중한 상태에 계셨던 분을 가까이서 전혀 돌볼 수가 없었다는 것입니다.

화장으로 치른 장례식에 가족들은 물론 대부분의 성도님

들도 하늘나라로 가시는 길을 지켜보지 못한 채 너무도 쓸쓸히 가셨습니다. 그 이후 1년이란 세월이 흘렀지만 저는 아직도 목사님의 죽음을 현실로 받아들이기가 정말로 힘들어서 그 어떤 추모의 글 한마디도 써본 적이 없습니다. 그런 와중에 허승희 사모님의 추천사 부탁이 있어 거절도 못하고 두서없는 글을 올려봅니다.

고 이재정 목사님의 귀중한 옥고가 담긴 이 책에는 저희 자카르타 믿음교회 성도들에게 20년간에 걸쳐서 감동 있게 들려주셨던 설교 말씀이 담겨 있습니다.

그야말로 어려운 선교지 인도네시아에 있는 한인 디아스포라, 우리가 하나님의 제자로서 사명을 감당하기 위한 너무도 유익하고, 알찬 내용이 빽빽이 담겨 있습니다.

이 책을 읽는 모든 분들이 고 이재정 목사님이 늘 강조하셨듯이 하나님 말씀에 주저 없이 점을 찍고, 온전히 순종해서 우리들 속에 있는 견고한 진을 파하는 큰 능력을 가진 하나님의 자녀 되길 소망합니다.

자카르타 믿음교회

김동현 장로

추모의 글
둘

내가 만나고 교제한 분 중에 고 이재정 선교사는 후배이긴 하지만, 가장 존경하는 선교사 중 한 분이었다. 한마디로 그 분은 진국이었다.

그분의 이른 서거 소식을 들었을 때 너무나도 먹먹해서 종일 손이 안 잡혔었다. 헌데 그분이 남긴 유고가 있어 출판하게 된다 하니 얼마나 반갑고 위안이 되는지 모른다.

그가 남긴 글 《말씀에 점을 찍고 승리하라》는 그가 그렇게 자신의 인생을 주님 앞에서의 승리자로 살아가려고 싸우고 쟁취한 경험적 고백이었다. 이 글은 고 이재정 선교사님의 신앙관, 인생관, 가치관을 보여주는 그의 삶의 그림자이다. 아니 그의 삶의 대본이다.

그분은 무엇보다 하나님 앞에 진실하고자 했다. 이 글은 하나님 앞에 진실하게 서지 못하게 흔들어 대는 죄의 세력이 팽배한 세상에서 견고한 진을 파하는 비결을 진리 안에서 터득한 신앙고백이다.

그분은 사람들에게는 복이 되고 덕이 되려고 자신을 통제하고 내어주던 사람이다. 이 글은 그렇게 자신을 통제하고 내어줄 수 있는 삶의 비결을 나누는 글이다.

한 사람의 그리스도인이 죄가 옥죄어 오는 세상 속에서 하나님 앞에 진실하고 거룩하게 살 수 있는 비결과, 이기주의적이고 자기중심적인 세상의 유혹과 압박 속에서 많은 사람에게 복이 되고 덕이 되는 삶을 살게 하는 비결을 체험적으로 깨달은 진리들을 나누고 있다.

이러한 확신을 주기에 본인은 모든 이에게 이 책을 일독하여 승리의 비결을 얻게 되기를 바라며 기꺼이 추천하는 바이다.

전 서울신대 교수, 바나바훈련원 원장

이강천 목사

추모의 글

셋

인도네시아의 '이 추장'이신 고 이재정 선배 선교사님! 우리 곁을 홀연히 떠난 지 벌써 1년이 되어가네요. 아직도 선교사님이 곁에서 따뜻한 미소를 지으시며 함께 계신 듯합니다.

선교사님께서는 현지인보다 선교지를 사랑하셨고 현지인을 진심으로 섬기셨으며 현지인들의 사랑과 존경이 되는 분이십니다. 교단을 초월하여 인도네시아 한인 동료 선교사들 가운데서도 본이 되신 분으로 기억되고 있습니다. 인도네시아 성결교회, 살라띠가 신학교, OMS 선교단체, 믿음교회 등 온몸으로 드려 밑거름이 되셨습니다. 선교사님의 눈물과 땀으로 세운 현장에서 복음과 복음의 풍성함이 흘러가고 있습니다.

현지 교회들이 코로나19 상황에서도 좀더 성숙한 모습을 보여주고 있습니다. 자발적으로 정기 기도 모임을 합니다. 현지 교회와 교역자가 어려움을 겪는다는 소식이 전해지면 한인 선교사들의 손길만을 기다리지 않습니다. 현지 교회가 서로의 부족함을 채워주며 주의 손길이 되고 있습니다. 기성교단 선교사들도 선교사님께서 수고하여 가꾸어 오신 현장을 서로 협력하여 더 잘 섬기고자 하고 있습니다. 선교사님 가정이 '오직 주의 사랑이 되어 아낌없이 헌신한 터전'에 현지 교단과 기성 선교사들이 꽃을 피우고 열매를 맺게 할 것입니다.

고 이재정 선교사님의 소천 1주기를 맞이하여 《말씀에 점을 찍고 승리하라》가 출간되어 자랑스럽습니다. 선교지에서 보여준 영성과 실천 영성의 결실이 담겼습니다. 선교사님은 비천하고 연약한 자를 긍휼히 여기시는 '예수의 마음'을 품으셨습니다. 위대한 날, 위대한 사건, 위대한 사람으로 만드시는 '예수의 이름'을 보이셨습니다. 평생을 통하여 세상의 견고한 진을 깨고 승리하신 '예수의 용장'이셨습니다.

선교사님이 보여준 선교사적 삶의 길을 따라가는 자들이 그 이름의 비밀을 가지고, 남은 영적 싸움에서 선교사님의 자랑이 되었으면 합니다. 선교사님이 보이시고 외치신 "오라, 그 이름의 능력 앞으로!"를 선포하며 우리의 영적 땅 끝인 인도네시아와 온 땅이 하나님의 영광이 되도록 충성을 다하는 승리자가 되겠습니다. 모두의 어머니 품이 되어 주신 허승희 사모님과 경아 가정, 그리고 은아에게 모두의 사랑을 전합니다.

인도네시아 기성 선교부 대표

김재봉 선교사

프롤로그

하루에도 몇 번씩 "사랑해!" 했던 당신

33년 동안 하나님이 부르신 곳 인도네시아에서 하나님께 순종하다 갔습니다. 조금만 더 있다가 같이 가면 좋았을 텐데, 제게 "Say Good Bye"도 안 하고 갔습니다.

이재정 선교사는 하나님 말씀을 잘 풀어서 전했습니다. 그래서 쉽게 알아들었지만, 때로는 알아듣기 어려운 적도 있었습니다. 전해주는 말씀대로 살기가 어려웠기 때문이죠. 이 책은 그가 떠나기 전 틈틈이 써둔 글을 모은 겁니다. 자신이 평생 전하고자 했던 하나님에 관해 풀이한 책입니다. 이 책 한 권 남겨놓고 그는 서둘러 제 곁을 떠나갔습니다.

그의 글처럼 견고한 진을 부수기가 정말 어려웠습니다. 어쩌면 그런 진이 있는 줄도 모르고 살았다고 할 수 있습니다. 상처와 관습과 전통 때문에 생겨난 견고한 진은 사는 내내 제 안에서 전쟁이 벌어지게 했습니다. 하나님이 허락하신 공동체 안에서조차 수시로 부딪히며 갈등했습니다.

그러나 그것은 감당할 만한 시험을 주시고, 피할 길로 인도하시는 하나님의 장치였고 은혜였습니다. 내가 할 수 없는 일을 하게 해주시는 하나님. 그분의 놀라운 임재하심의 능력. 이런 체험을 통해 저는 '하나님은 늘 선하시다'에 점을 찍게 되었습니다.

뭐가 그리 급했는지 프롤로그도 쓰지 못하고 간 당신을 대신해서, 하루에도 몇 번씩 "사랑해!"라고 말했던, 당신이 예수님 다음으로 사랑한 승희가 썼습니다.

이재정 선교사의 아내

허승희

I. 견고한 진

*

> 우리의 싸우는 무기는 육신에 속한 것이 아니요 오직 어떤 견고한 진도 무너뜨리는 하나님의 능력이라 모든 이론을 무너뜨리며 하나님 아는 것을 대적하여 높아진 것을 다 무너뜨리고 모든 생각을 사로잡아 그리스도에게 복종하게 하니 (고후 10:4, 5).

성경에 나오는 '견고한 진'은 영적 전쟁에서 승리하려면 깨뜨려져야 하는 대상으로 자주 인용되는 구절이다. 견고한 진은 하나님과 하나님을 아는 것을 대적할 정도로 강하고 높아졌다. 세상의 모든 이론과 세상적 생각이 그 진을 만드는 재료다. 세상에 살면서 얻은 지식이 쌓여 생각과 사고체계와 세계관이 이루어진다. 지식과 생각들은 삶의 이론과 원칙들을 만들어 간다. 세상에서 형성된 생각과 이론과 원칙은 하나님의 생각과 원칙인 말씀을 소극적으로는 거부하고, 적극적으로는 대적한다. 이렇게 강하게 각인되고 세워져 하나님을 거부하는 것이 '견고한 진'이다.

세상의 영향력이 강하게 다가와 믿는 사람들조차 모르게 자신 속에 견고한 진이 세워진다. 견고한 진이 서면 세상이 옳다고 주장하게 되고, 세상을 따르게 되고, 세상에 굴종하게 된다. 어떻게든 하나님께 순종하여 세상에서 승리하고자 우리는 싸운다. 이 영적 싸움에서 승리하려면 내 안에 세워진 견고한 진의 정체를, 말씀만이 견고한 진을 무너뜨릴 영적 능력임을 인지해야 한다.

선교지에서 선교사는 무엇보다 문화를 먼저 배워야 한다. 사람들의 생각과 그들이 가진 이론과 언어, 세계관으로 이루어진 문화를 배워야 한다. 그들이 볼 때 낯선 이방인으로 비쳐지지 않고, 그들과 함께 있는 내부자가 되려는 몸부림이 필요하다. 문화를 배우는 것 자체가 아니라, 문화를 통해 사람과 접촉하여 복음을 전하는 것이 최종 목표다. 사람들의 마음을 얻고, 그들의 마음에 접근하고, 그 마음에 복음을 전하는 것이다.

그러나 또 다른 면에서 문화는 복음 전파와 대척점에 있다. 사람들은 죄 때문에 전적으로 타락했고, 죄로 인해 전적으로 타락한 사람들이 문화를 만들어가고, 그 안에서 살아왔던 문화도 사람들과 함께 타락했다고 보아야 타당하다. 그러기에 그 문화도 거듭나서 쓰임 받을 필요가 있다.

어떤 나라이든지 자신들의 세계관과 종교 등으로 형성된 문화가 있는데, 대개 다음 세 가지 중 하나에 속한다. 첫째, '부모를 공경하라'처럼 성경에 합하는 문화. 둘째, 성경에 대적하는 문화. 셋째, 손으로 밥을 먹듯 성경에 배치되지 않고, 죄도 되지 않는 중립적 문화. 특별히 두 번째 것은 위험하기 이를 데 없다. 타락한 사람들이 만든 문화의 기초이기 때문이다. 두 번째 것은 산술적으로 3분의 1이 아니라 거듭나야 될 그 문화의 기초이다. 이처럼 세 차원으로 이루어진 문화 자체가 거듭날 필요가 있다. 이미 사람들에게 각인되었고,

특별히 복음의 대척점에 있는 문화에 젖은 견고한 생각과 이론과 마음을 바꾸는 것이 어떤 것보다 어려운 과제다.

선교지 사람들은 세 번 종교를 바꾼다고 한다. 가지고 태어난 종교가 있고, 살다가 기독교를 받아들이고, 죽을 때는 원래 종교의 신이나 조상들의 영령이 두려워 다시 돌아간다. 기독교 신앙으로 살다가 죽었는데도, 살아 있는 사람들이 마음 써준다며 토속 종교를 따라 장례를 치르기도 한다. 기독교식으로 장례를 치렀는데, 가족이나 동네 사람들이 유교식으로 다시 장례를 치르는 경우도 가끔 본다.

이만큼 각인되어 세워진 견고한 진은 사람들을 끊임없이 괴롭히며 하나님을 대적한다. 말씀을 전해도 변하지 않는 자신을 포함하여 성도들 때문에 실망할 때가 얼마나 많던가? 말씀이 들어가지 못할 정도로 강하게 형성된 견고한 진 때문이다.

요즘은 미전도 종족에 초점을 맞추는 '40창 이론'과 함께 '4/14창 이론' 선교 시대를 맞고 있다. 다른 종교에서는 아이들이 태어나서 입을 열자마자 코란을 읽고 외우게 한다. 아이들을 일정 기간 불교 사원에 보내기도 한다. 어려서부터 신도들에게 신앙의 승부를 건다.

그런데 교회는 어린이들을 소외시키거나, 주변 인물로 다루거나, 교회의 일부 혹은 구색 맞추기 식으로 취급해 왔다. 이런 일이 오랫동안 이어지다가 교회, 특히 한국 교회는 아이들을 잃어버렸다.

교회가 어른들에게 집중하고 어른들이 주가 되는 까닭이 있다. 믿은 지 오래되었든, 갓 믿었든 당장 봉사 일을 할 수 있기 때문이다. 경제 활동을 하니 교회 운용, 선교 사역 등에 기여한다는 장점도 있다. 그러나 오래 살았기에 세상의 견고한 진으로 무장되어 말씀으로 변화되기가 쉽지 않다는 단점이 있다.

우리는 아이들에게 눈을 돌려 아주 어려서부터, 특히 네 살에서 열네 살 사이의 아이들을 신앙으로 교육하고 무장시켜야 한다. 교회의 미래를 위해서, 우리가 떠난 후 남을 다음 세대를 위해서 그렇다. 어른들이 아니라 아이들이 교회의 주인공이 되어야 한다. 주일학교처럼 어린이 사역이 구색 맞추기가 아니라 교회의 주 사역이 되어야 한다. 선교지에서도 어린이 사역을 하면 특수사역이라 부른다. 특수사역이 아니라 주 사역이 되어야 한다.

어린이들이 주일학교에 많이 출석하다가 중고등부가 되거나 대학에 들어가면 다수가 세상으로 빠진다. 언제까지 이런 일이 지속되어야 하는가? 지금 교회에는 아예 세상으로 빠질 어린이도 없는 듯하다.

교회는 어른들의 마음과 생각에 이미 세워진 견고한 진을 깨도록 돕고, 세상의 견고한 진이 세워지기 전에 어린아이들을 신앙으로 교육하고 무장시켜야 하는 절체절명의 시대를 맞이했다. 우리 아이들이 견고한 진에 갇히지 않고, 오히려 견고한 진을 깨뜨리며 견고한 진에 갇힌 자들을 자유하게 하는 다음 세대 지도자들이 된 모습을 상상해 보면 어떨까?

다윗을 살펴보자. 첫째, 골리앗과의 싸움을 상상해 보라. 골리앗에게 다윗이 한 말을 떠올려 보자. "다윗이 블레셋 사람에게 이르되 너는 칼과 창과 단창으로 내게 나아오거니와 나는 만군의 여호와의 이름 곧 네가 모욕하는 이스라엘 군대의 하나님의 이름으로 네게 나아가노라 오늘 여호와께서 너를 내 손에 넘기시리니 내가 너를 쳐서 네 목을 베고 블레셋 군대의 시체를 오늘 공중의 새와 땅의 들짐승에게 주어 온 땅으로 이스라엘에 하나님이 계신 줄 알게 하겠고 또 여호와의 구원하심이 칼과 창에 있지 아니함을 이 무리에게 알게 하리라 전쟁은 여호와께 속한 것인즉 그가 너희를 우리 손에 넘기시리라"(삼상 17:45~47).

둘째, 사울을 해치지 않은 다윗의 말을 살펴보자. "다윗의 사람들이 이르되 보소서 여호와께서 당신에게 이르시기를 내가 원수를 네 손에 넘기리니 네 생각에 좋은 대로 그에게 행하라 하시더니 이것이 그날이니이다 하니 다윗이 일어나서 사울의 겉옷 자락을 가만히 베니라 그리 한 후에 사울의 옷자락 벰으로 말미암아 다윗의 마음이 찔려 자기 사람들에게 이르되 내가 손을 들어 여호와의 기름 부음을 받은 내 주를 치는 것은 여호와께서 금하시는 것이니 그는 여호와의 기름 부음을 받은 자가 됨이니라 하고"(삼상 24:4~6).

셋째, 도망자로서 자신도 힘든 상황에서 어려운 사람들을 품어주는 다윗의 행동을 보자. "환난 당한 모든 자와 빚진 모든 자와 마음이 원통한 자가 다 그에게로 모였고 그는 그들의 우두머리가 되었는데 그와 함께 한 자가 사백 명 가량이었더라"(삼상 22:2).

다윗은 어떻게 이런 상황 가운데서 저런 말과 행동을 할 수 있었을까? 골리앗이라는 월등한 체격과 무기를 가진 대적 앞에서 사람들은 패배를 직감하고 두려움에 떨 수밖에 없다. 당시 다른 군사들과 다윗의 형들이 바로 그런 세상적인 생각과 이론, 즉 견고한 진에 사로잡혀 있었다. 그러나 다윗은 그들과 같이 견고한 진에 갇혀 있는 것이 아니라 하나님을 강한 성루 삼고, 그분의 말씀에 전적으로 동의하고, 신앙을 앞세워 돌진해 나가 승리하였다. 골리앗이라는 견고한 세상의 진이 다윗의 용기 있는 신앙 고백 앞에 맥을 못 쓰고 무너져 버렸다.

사울을 죽여 도망자의 신세를 벗어날 수 있는 절호의 기회가 다윗에게 왔다. 사울을 죽인다 한들 그 누구도 다윗에게 잘못했다고 말할 사람이 없었을 것이다. 다른 사람들조차도 속이 후련하다고 할 수 있었다. 그러나 다윗은 하나님이 금하시는 것을 할 수 없다고 고백한다.

다윗은 사울에게 쫓기는 도망자로서 의식주의 보장이 없는 사람이 되었다. 그때 사람들이 찾아왔다. 그가 기다리던 것은 스폰서와 자금이었을 것이다. 그런데 그를 찾아온 사람들은 오히려 빚진 자, 상처받은 자로서 입혀줘야 하고 먹여 달라고 입 벌리는 사람들이었다. 그는 자신의 처지를 생각하면 도저히 그들을 받아들일 수 없었다. 하지만 다윗은 그런 와중에도 그들을 거부하지 않고, 그들을 거두어주고, 앞으로 나라를 세우는 지도자들로 키워 나갔다.

세상적인 이론과 생각, 즉 우리 속에 자리 잡은 세상적인 견고한 진은 말씀을 따라 신앙 생활하는 것을 강하게 거부한다. 세상 사람들이 그리고 많은 그리스도인들이 견고한 진에 눌린 삶을 살아가고 있다. 그렇다면 과연 다윗의 생각과 모든 행동의 이론은 어디에 뿌리를 두고 있는 것인가? 견고한 진을 깨뜨리고 승리할 수 있었던 원인은 무엇일까? 하나님의 생각, 하나님의 관점, 성경적 삶의 기초, 이것이 그의 생각과 이론의 뿌리다. 세상의 견고한 진을 파하는 그의 능력은 거기에서 나왔다는 것을 알 수 있다. 하나님은 그를 향해 "내 마음에 맞는 사람이라"(행 13:22)고 말씀하신다.

견고한 진이 세워지는 원인을 생각해 보자.

첫째, '교육'과 '경험'이다. 우리는 가정에서든지 학교에서든지 교육을 받으며 자라고 또한 자기가 속한 공동체를 통해 경험하며 자라게 된다. 누가 어떤 교육을 받고 어떤 경험들을 하느냐에 따라 생각과 삶의 이론이 형성되고, 그 생각과 이론에 따라 삶의 원칙과 기준이 세워진다.

한 사람이 받은 교육과 경험은 아주 제한적임을 인지해야 한다. 그리고 그 교육과 경험이 잘못된 것일 수도 있음을 인정해야 한다. 그런데 사람들은 자기가 받은 교육과 경험이 전부이며 옳다고 인식한다.

이렇게 한 사람 속에 세워진 생각과 이론과 원칙들은 하나님과 하나님을 아는 지식을 대적하는 견고한 진으로 자리 잡게 된다. 어려서 무조건적으로 외우며 배웠던 진화론이 그렇다. 한국 사회에서 남자는 술 한 잔 정도는 해야 한다고 끊임없이 배우며 자란다. 성경은 우리의 몸이 성령이 거하는 거룩한 성전이기에 술이 지배하게 내버려 두어서는 안 된다고 가르치지만, 여전히 교육과 경험을 통해 자리 잡은 생각과 이론과 삶의 원칙, 즉 견고한 진을 따라 "술 한 잔 정도야……"라고 고집한다.

예를 들어 어렸을 때 어느 날 화장실 문을 열고 나왔다고 가정해 보자. 어머니에게 화장실 문을 닫고 나오지 않는다고 혼이 났다. 화장실 냄새가 나오지 않게 하려는 어머니의 조치인 것이다. 그 어린아이는 어머니에게 혼나지 않기 위해 화장실 문을 닫고 나오려 노력을 기울였다. 세월이 흘러 자기도 모르는 사이 화장실 문에 대한 그의 생각과 원칙은 닫혀 있어야 한다로 형성된다. 화장실 문은 닫혀 있어야 한다는 교육과 경험이 닫혀 있어야 한다는 원칙이 되었고, 그 원칙대로 늘 화장실 문을 닫는 '자신은 옳다'는 생각을 하게 된다. 그래서 화장실 문을 열어 놓아 환기가 빨리 되어야 한다는 원칙을 가진 사람을 잘못되었다고 생각하거나 정죄하게 된다.

일반적이고 세상적인 교육과 경험을 통해 견고한 진이 서면 '나는 옳다'는 결론에 다다른다. 이 생각이 얼마나 강한지

"성경이 어떻게 말씀하든지", "성경은 그렇게 말씀하지만 내 생각에는……"이라고 하면서 자신이 옳다고 주장하게 된다. 아니면 말씀 앞에 전적인 순종보다는 말씀을 내 호불호와 상황에 따라 선택적으로 받아들이고 순종할 가능성이 높다.

둘째, '상처'와 '맹세'이다. 우리는 살면서 많은 상처를 받는다. 상처가 없는 사람은 없을 것이다. 상처 있는 사람은 그 상처 때문에 또 다른 사람들에게 상처를 주게 된다. 그리고 상처는 상처를 준 사람을 극도로 미워하게 만든다. 아버지에게 폭행을 당하며 자란 여자들은 아버지를 미워할 뿐 아니라 남자를 미워하는 경향이 생길 수도 있다. 자기도 모르게 자신의 삶 속에 들어와 깊이 뿌리내린 견고한 진이 되는 것이다.

결혼생활에서 부부관계에 어려움을 겪지만 왜 어려운지도 모른다. 바로 남자에 대한 자신도 모르는 견고한 진이 원인이 될 수 있다. 상처로부터 온 남자에 대한 편견은 그 남편이 상처를 준 사람이 아님에도 가해자로 인식하고 복수하는 마음을 불러일으킬 수 있는 것이다. 그래서 말 한마디 한마디가 부드럽지 못하고 불편한 관계가 유지될 수 있다. 사람은 싸우면서 닮아 간다는 말이 있고, 보고 배운 것을 자신도 모르게 행하고 있을 가능성이 있다. 그래서 그렇게 상처를 준 아버지처럼 행동하고 있는 자신을 발견하게 될지도 모른다. 상처를 준 사람과 아무 상관이 없는 남편을 아버지가 자기에게 했듯이 무의식적으로 대하게 될지도 모른다. 어느 날 그렇게 싫어했던 아버지의 모습이 자신에게도 있다는 것을 발견하는 때가 온다.

한번은 누군가와 말다툼을 했는데, 그 사람 얼굴이 네모 형이었다. 그리고 얼마 지나 맞선을 보게 되었는데, 상대방 얼굴이 네모 형이었다. 내가 이런 경우라면 어떻겠는가? 대개 말다툼한 상대가 떠오르며 좋지 않은 감정을 갖게 될 것이다. 그 사람 속에는 자신도 모르게 얼굴이 네모 형인 사람은 나와는 안 맞는다든지 심지어는 나쁜 사람이라는 선입견 또는 견고한 진이 세워진 것이다.

상처 입은 사람의 특징은 많은 맹세를 한다는 것이다. "나는 나에게 상처 준 사람처럼 되지 않을 것이다." "나는 상처 준 사람처럼 하지 않을 것이다." 이것이 맹세의 주된 내용이다. 상처 준 사람처럼 되지 않을 거라고 맹세하지만, 부지불식간에 상처 준 사람처럼 살고 있는 자신을 발견할 수 있다. 어떻게 사느냐보다는 무엇을 맹세했느냐에 따라 자신이 누구인가를 결정하게 된다. 그래서 상처와 맹세가 세워놓은 견고한 진의 결과는 "나는 남들과 같지 않다", "나는 의롭다"이다. 이것이 예수님의 눈에 비친 바리새인들의 전형적인 모습인 것이다. 그들은 자기만큼 옳은 사람들이 없고 자기들만큼 하나님께 헌신하는 사람들이 없다고 자부한다.

세상에 가장 옳고 세상에 가장 의로운 분은 하나님밖에 없다. 그런데 "나는 옳다", "나는 의롭다"라는 자신의 정체성을 갖게 되면 자신도 모르게 "나는 하나님이다"라는 프레임에 갇히게 된다. 이제부터 이런 사람은 하나님으로 행세하기 시작한다. 하나님을 거부하고 대적하다가 자신을 하나님의 반열에 올려놓게 된다. 하나님이라면 그렇게 하면 안 된다든지, 하나님이라면 이래야 한다든지, 하나님조차도 자신이 판단하고, 하나님의 말씀조차 자신이 판단하고 옳고 그름을 가리는 역할을 하게 된다.

그뿐만 아니라 남편에게, 아내에게, 자녀들에게, 사람들에게, 목회자들에게, 성도들에게 하나님 역할을 한다. 그런 사람들이 속한 공동체는 문제가 생기기 시작하는데, 하나님 역할을 하는 자신 때문인지도 모르고 여전히 남들 때문이라고 전가하기 시작한다. 자신은 틀릴 수가 없기 때문이다. 그러면서 공동체는 서서히 망가지고 만다. 하나님과 하나님의 말씀에 대적하여 일어나는 이런 일들이 세상에서 얼마나 많이 일어나고 있는지 모른다. 이만큼 무서운 일이 어디 있겠는가?

로마서 12장 2절에 변화하라는 말씀이 나온다. 일시적이거나 부분적인 변화가 아니라 근본적이고도 온전한 변화를 말한다. 아무리 견고한 진이 우리를 두를지라도 우리는 변화할 수 있다.

변화는 자신에게서 시작될 때도 있지만 외부의 도전으로 이루어지는 경우가 대부분이다. 그런데 외부적인 요인이 일시적이거나 부분적이라면 일시적이거나 부분적인 변화만 우리에게 일어난다. 그러나 외부 요인이 근본적이고도 온전하다면 우리 안에 일어나는 변화도 근본적이고도 온전할 수밖에 없다. 우리 믿는 사람들에게 변화는 하나님의 말씀으로 일어난다. 말씀 자체가 온전하고도 궁극적이기에 말씀으로 말미암는 변화는 온전하고 근본적이며 지속적일 수밖에 없다.

사람이 변하기가 참 힘들다고 한다. 하나님의 말씀으로도 사람을 변화시키기 힘들다고 한다. 그럼에도 말씀이 무엇인지 생각해 보면, 견고한 진에 둘러싸인 우리를 변화시키는 것은 온전하고 궁극적이며 근본적인 말씀밖에 없다. 하나님을 아는 것을 대적하고 훼방하며, 자신을 하나님이라고 생각하면서 자신이 옳다고 여기는 대로 살도록 만드는 생각과 이론을 사로잡아 복종시키는 것은 하나님 말씀의 능력뿐이다. 그렇기 때문에 끊임없이 말씀 앞에 나아가 묵상하고 씨름하며, 무릎 꿇고 순종하는 연습을 해야 한다.

2. 말씀에 점을 찍으라

1장에서는 견고한 진이 세워지는 경로를 알아보았다. 우리 속에 세워진 견고한 진은 하나님과 하나님을 아는 지식을 대적하여 세상 사람들은 물론 신앙인까지도 진정한 믿음으로 살 수 없게 만든다. 세상을 따라가거나 세상과 타협하게 한다. 우리가 변화하려면 말씀밖에 없다는 것도 살펴보았다. 우리는 끊임없이 말씀 앞에 서도록 연습해야 한다. 읽기와 묵상, 기도와 예배에 게을러서는 안 된다.

말씀 순종이 일상이 되도록 몸부림쳐야 한다. 그러기 위해 하나님의 말씀에 점을 찍는 연습을 해야 한다. 말씀이 모든 문제의 궁극적 해답이자 결론이며, 말씀이 우리의 일부가 아니라 전부임을 고백하는 연습이다. 그렇지 않고는 말씀에 순종할 수 없다. 순종 없이는 승리할 수 없다.

그런데 말씀을 읽고 묵상하고 그 말씀으로 기도한 후에 점을 찍고 아멘하기보다는 또 다른 부호를 쉽게, 자주 붙인다. 쉼표, 물음표, 그러나, 그래서, 그렇지만, 그럼에도 불구하고 등이다.

하나님은 능력이 있어 무엇이든 하실 수 있고 공급하실 수 있다. 두려워 말라고 하나님이 말씀하신다. 그 말씀에 점을 찍고 아멘으로 화답하며 기다리는 것이 신앙인으로서 할 일이다. 그러나 견고한 진은 '정말?', '그렇게 적혀 있기는 하지만 현실은?'이라고 반응하게 한다. 두려워하지 말라고 주님이 줄기차게 말씀하시지만, 우리는 두려움과 근심에 사로잡힌다. 다시 한 번 다윗의 삶을 기억해 보자. 하나님 마음에

합한 자! 이 얼마나 가슴 뛰는 말인가? 다윗의 삶은 우리에게 큰 도전이다.

성경에서 하나님의 말씀에 점을 찍는 몇 가지 예를 들어보기로 한다. 첫째, 물질(돈)에 관해서다. 물질에 견고한 진이 가져오는 폐해는 심각하다. 물질의 위치 때문에 심각성은 더 커진다. 성경은 하나님과 돈을 함께 섬길 수 없다고 경고한다. 이렇게 말씀할 정도로 돈은 하나님과 동등한 위치를 차지할 가능성이 다른 무엇보다 크다. 성경 말씀은 이것을 시사한다. 성경은 말과 돈에 대해 많이 언급한다. 그 정도로 돈은 없어서는 안 되는 존재이고, 직접적이면서도 큰 영향력을 미치는 존재이다. 돈 문제는 심각하게 다루어야 할 의무가 있다.

우리 삶에는 우상이 많이 존재한다. 권세, 명예, 가정, 직업 등이다. 그중 돈은 현실적이고도 직접적으로 큰 영향을 주며, 사람과는 떼려야 뗄 수 없다. 돈 혹은 물질은 우상 중 최고의 우상이 될 수 있다.

하나님은 세상을 만드신 후 만드신 것을 보면서 좋았다고 하셨다. 부부를 만드시고 성을 선물로 주시면서 좋은 것이라고 하셨을 것이다. 하나님이 나무를 창조하셨고 그 나무로 사람은 의자를 만든다. 이와 같이 사람을 통한 재창조도 분명히 좋다고 말씀하실 것이다. 돈 문제가 그렇다. 사람들은 인생에서 유형무형의 돈을 만들었다. 성이 그렇듯 돈 자체는 선하다. 하나님이 사람에게 주신 선한 도구다. 이렇게 좋은 돈을 사람이 어떻게 사용하느냐에 따라 독이 된다는 사실이 슬프다.

우상은 목적과 수단을 뒤바꾼다. 믿는 사람들의 최고 목적은 하나님께 영광을 돌리는 것이다. 모든 것은 하나님께 영광을 돌리는 도구가 되어야 한다. 그런데 돈의 영향력과 권세 때문에 돈이 목적이 되고, 하나님과 그분의 능력이 돈을 버는 수단이 되면, 목적과 수단이 바뀌고 수단이 우상이 되고 만다. 우리는 부자가 되려고 기도한다. 돈을 잘 벌게 해달라고 기도한다. 그러면서 우리도 모르게 돈이 목적이 되고, 주님은 돈을 잘 벌어 주는 수단이 된다.

우상이란 제2의 위치에 있어야 하는 것이 제1의 자리에 앉고, 제1의 것이 제2의 자리에 위치한 것이다. 이것은 우선권 문제다. 우선권이 바뀌면 우상이 된다.

사람과 하나님의 차이는 천지 차이다. 창조자와 피조물 사이에는 무엇으로도 메울 수 없는 간격이 있다. 돈도 마찬가지다. 돈은 피조물이다. 아무리 높이 올라가더라도 창조자인 하나님의 위치에 올라갈 수 없다. 하나님이 가지신 최고의 우선권은 다른 것이 가져갈 수 없다. 하나님은 돈을 만드셨다. 돈은 사람들이 사용하도록 하나님이 허락하신 피조물이다. 없어서는 안 되지만 하나님의 위치와 하나님의 우선권을 빼앗을 수는 없다.

무엇이 나와 내 삶을 지배하는가? 하나님인가? 돈인가? 다음의 말씀들에 점을 찍고 돈을 둘러싼 견고한 진을 깨뜨리고 순종하는 삶을 살기 원한다.

*

여호와는 가난하게도 하시고 부하게도 하시며 낮추기도 하시고 높이기도 하시는도다(삼상 2:7).

네게 흑암 중의 보화와 은밀한 곳에 숨은 재물을 주어 네 이름을 부르는 자가 나 여호와 이스라엘의 하나님인 줄을 네가 알게 하리라(사 45:3).

만군의 여호와가 이르노라 너희의 온전한 십일조를 창고에 들여 나의 집에 양식이 있게 하고 그것으로 나를 시험하여 내가 하늘 문을 열고 너희에게 복을 쌓을 곳이 없도록 붓지 아니하나 보라(말 3:10).

너희를 위하여 보물을 땅에 쌓아 두지 말라 거기는 좀과 동록이 해하며 도둑이 구멍을 뚫고 도둑질하느니라 오직 너희를 위하여 보물을 하늘에 쌓아 두라 거기는 좀이나 동록이 해하지 못하며 도둑이 구멍을 뚫지도 못하고 도둑질도 못하느니라 네 보물 있는 그 곳에는 네 마음도 있느니라(마 6:19~21).

공중의 새를 보라 심지도 않고 거두지도 않고 창고에

모아들이지도 아니하되 너희 하늘 아버지께서 기르시나니 너희는 이것들보다 귀하지 아니하냐(마 6:26).

그러므로 염려하여 이르기를 무엇을 먹을까 무엇을 마실까 무엇을 입을까 하지 말라 이는 다 이방인들이 구하는 것이라 너희 하늘 아버지께서 이 모든 것이 너희에게 있어야 할 줄을 아시느니라(마 6:31, 32).

나의 하나님이 그리스도 예수 안에서 영광 가운데 그 풍성한 대로 너희 모든 쓸 것을 채우시리라(빌 4:19).

네가 이 세대에서 부한 자들을 명하여 마음을 높이지 말고 정함이 없는 재물에 소망을 두지 말고 오직 우리에게 모든 것을 후히 주사 누리게 하시는 하나님께 두며(딤전 6:17).

돈을 사랑하지 말고 있는 바를 족한 줄로 알라 그가 친히 말씀하시기를 내가 결코 너희를 버리지 아니하고 너희를 떠나지 아니하리라 하셨느니라(히 13:5).

이 말씀들은 물질과 돈에 관한 말씀의 일부분이다. 이 말씀들을 통해 유추되는 의미들을 보면 좋겠다.

하나. 하나님은 돈을 창조하신 분이다. 둘. 물질의 주인이시다. 셋. 하나님은 모든 물질을 주관하신다. 넷. 하나님은 사람을 그 무엇보다 사랑하신다. 다섯. 하나님은 사랑하는 사람들을 위해 그들의 필요를 아시고 필요를 채우신다. 여섯. 돈을 바라보는 것이 아니라 돈의 주인이신 하나님을 바라보아야 한다.

어떤 상황에서도 이 사실이 바뀌어서는 안 된다. 우리는 이 말씀들에 점을 찍고 돈의 주인이신 주님을 바라봐야 하는데, 그 주인이 아니라 돈만 바라보고 돈을 우상으로 만드는 견고한 진이 우리 중심에 자리 잡고 있다.

이 견고한 진은 돈을 인간의 가치를 가늠하는 기준으로 만든다. 견고한 진에 따르면 돈이 많은 사람은 가치 있는 사람이고 존경받을 만하며, 돈이 없는 사람의 가치는 그 반대가 된다. 돈이야말로 인생의 성공을 결정짓는 궁극적 기준이 되어 버린다. 돈을 잃거나 얻지 못하면 견고한 진이 세운 기준에 따라 삶을 포기하는 경우까지 일어난다.

다시 한 번 하나님의 말씀에 점을 찍는 연습을 끊임없이 해야 한다. 우리의 물질관에 깃든 견고한 진을 말씀으로 깨뜨려야 한다. 성경 말씀을 따라 물질 문제에 자유로워져야 하고, 돈의 노예가 되어서는 안 된다. 세상 모든 것의 주인은 그것을 만드신 하나님 자신이다. 그분은 모든 것을 소유하시며, 사랑하는 자들의 필요를 채우시는 능력의 하나님이다.

성경에서 하나님의 말씀에 점을 찍는 두 번째 예는 하나님의 명령에 대하여다. 성경에는 많은 명령이 있다. 다음은 모세를 향한 명령이다.

*

이제 가라 이스라엘 자손의 부르짖음이 내게 달하고 애굽 사람이 그들을 괴롭히는 학대도 내가 보았으니 이제 내가 너를 바로에게 보내어 너에게 내 백성 이스라엘 자손을 애굽에서 인도하여 내게 하리라(출 3:9, 10).

모세가 백성에게 이르되 너희는 두려워하지 말고 가만히 서서 여호와께서 오늘 너희를 위하여 행하시는 구원을 보라 너희가 오늘 본 애굽 사람을 영원히 다시 보지 아니하리라 여호와께서 너희를 위하여 싸우시리니 너희는 가만히 있을지니라 (출 14:13, 14).

다음은 여호수아를 향한 명령이다.

*

내 종 모세가 죽었으니 이제 너는 이 모든 백성과 더불어 일어나 이 요단을 건너 내가 그들 곧 이스라엘 자손에게 주는 그 땅으로 가라 내가 모세에게 말한 바와 같이 너희 발바닥으로 밟는 곳은 모두 내가 너희에게 주었노니 …… 네 평생에 너를 능히 대적할 자가 없으리니 내가 모세와 함께 있었던 것 같이 너와 함께 있을 것임이니라 내가 너를 떠나지 아니하며 버리지 아니하리니 강하고 담대하라 너는 내가 그들의 조상에게 맹세하여 그들에게 주리라 한 땅을 이 백성에게 차지하게 하리라(수 1:2~6).

다음은 선교 명령이다.

*

그러므로 너희는 가서 모든 민족을 제자로 삼아 아버지와 아들과 성령의 이름으로 세례를 베풀고 내가 너희에게 분부한 모든 것을 가르쳐 지키게 하라 볼지어다 내가 세상 끝 날까지 너희와 항상 함께 있으리라 하시니라(마 28:19, 20).

겸손 명령이다.

*

그러므로 하나님의 능하신 손 아래에서 겸손하라 때가 되면 너희를 높이시리라(벧전 5:6).

마지막으로, 순종 명령이다.

*

네가 네 하나님 여호와의 말씀을 삼가 듣고 내가 오늘 네게 명령하는 그의 모든 명령을 지켜 행하면 네 하나님 여호와께서 너를 세계 모든 민족 위에 뛰어나게 하실 것이라 네가 네 하나님 여호와의 말씀을 청종하면 이 모든 복이 네게 임하며

> 네게 이르리니 성읍에서도 복을 받고 들에서도 복을 받을 것이며 네 몸의 자녀와 네 토지의 소산과 네 짐승의 새끼와 소와 양의 새끼가 복을 받을 것이며 네 광주리와 떡 반죽 그릇이 복을 받을 것이며 네가 들어와도 복을 받고 나가도 복을 받을 것이니라(신 28:1~6).

위의 말씀들을 보면 공식이 하나 발견된다. 공식이란 변할 수 없다. 언제 어디서나 옳다. 위에서 발견한 공식은 무엇인가? 하나님의 명령에 대한 공식이다. 하나님의 명령에는 반드시 약속이 따라온다. 이것이 영적이며 성경적인 공식이다. 하나님의 명령과 약속은 하나다. 늘 같이 간다. 하나님의 명령과 약속은 분리될 수 없는 짝이다.

신앙인들은 하나님의 명령만 보는 견고한 진을 파해야 한다. 명령만 보면 너무 명령이 무겁다는 생각이 가득해진다. "선교해라", "거룩하라" 등이 무거울 뿐 아니라 너무 높아서 오르지 못한다고 생각하게 된다. 너무 무겁다거나 높다고 생각하고 우리는 애걸한다. "조금 낮추어 주세요." 그러나 주님의 말씀은 단호하다. "낮출 수가 없단다. 내 명령이 높은 것은 맞다. 내 명령이 높은 것은 너희들의 수준과 자격을 높이 보기 때문이다. 그저 기준을 낮추어서 이 정도면 될까가 아니라 나는 너희를 최고로 만들고 싶은 것이란다. 그러나 걱정하지 마라. 내가 무겁고 높은 명령을 너희에게 줄 때는 명령뿐만 아니라 약속도 함께 주는 것이다. 나를 의지하면 내가 이루겠다."

이것이 하나님이 우리에게 명령을 주실 때 하시는 생각이다. 하나님의 명령은 약속이 함께한다는 것을 성경은 분명히 밝힌다. 우리는 약속을 생각하지 않는 경향이 있다. 하나님의 명령은 늘 약속과 함께 주어진다는 성경적 공식으로, 명령만 보려 하는 견고한 진을 파해야 한다.

새해가 되면 목사들은 머리가 복잡해진다. 누구를 일꾼으로 세울까 하는 고민 때문이다. 하나님의 뜻으로 받아들이고 쾌히 봉사하는 성도들이 있는가 하면, 일꾼이 교회에 필요하고 부족한 일꾼 때문에 교회가 어려움을 겪고 있음을 알면서도 이런저런 이유로 거부하는 성도들이 있다. 거부하는 성도들도 이유가 있다. 아직 경험이 없어서, 사람들 앞에 서기를 부끄러워하는 성격이라서 그렇다고 한다. 경험이 없는 사람에게 명령은 너무 무겁게 느껴질 것이다. 무거운 명령만 보고 그 명령을 약속과 함께 주시는 하나님은 보지 못한다. "내가 너와 함께하겠다", "내가 내 일을 너를 통해 이루겠다"는 약속이 보이지 않는다.

우리는 할 수 없는 자신을 본다. 하나님의 명령을 듣는 순간 할 수 없는 자신에게 집중한다. 명령이 무겁다거나 자신은 자격이 없다는 견고한 진이 발동한다. 약속은 관심이 없다. 명령과 함께 약속을 주시는 하나님을 보지 않는다. 반드시 모르기 때문만은 아니다. 견고한 진은 명령을 무겁게 만들고, 자격 없는 자신에게 초점을 맞춘다.

하나님은 명령을 주실 때 계획이 있으시다. 명령하실 뿐 아니라 명령대로 된다는 약속도 주신다. 결국은 사람을 사용하여 하나님 자신이 하나님의 일을 이루신다. 그것이 하나님의 의도이다. 결국 하나님이 하신다. 되게 하시는 하나님이 자신의 일을 이루시는 것이다.

*

너희는 두려워하지 말고 가만히 서서 여호와께서 오늘 너희를 위하여 행하시는 구원을 보라(출 14:13).

우리 속에 각인되어 고정된 견고한 진은 파괴되어야 한다. 말씀에 점을 찍는 연습을 해야 한다. 하라고 명령하시는 하나님, 되게 하겠다고 약속하시는 하나님, 그분을 바라보자. 어느 날 설교 말씀을 들었다고 하자. 사는 동안 선교지에 교회 100개는 건축해야 한다는 것이다. 설교를 듣는 사람들은 시큰둥하다. 내 일이 아니다, 나는 그런 돈이 없다는 생각에 사로잡혔다.

이 상황 속에서 견고한 진에 휘둘리지 않고, 명령과 약속은 하나라는 공식을 생각하는 사람의 반응을 생각해 보자. 그 사람은 설교 말씀이 떨어지자마자 자신의 비전으로 받는다. 그리고 그 생각과 비전은 축복을 받을 그릇의 크기가 된다. 100개를 짓겠다고 하면 그의 믿음의 그릇은 크기가 100이 되는 것이다. 10개를 짓겠다고 하면 10이 되는 것이다.

지금 돈이 없어서 이 비전에 동참할 수 없다면 그의 그릇은 없다. 그에게는 받을 복이 없는 것이다. 명령하시고 약속하시는 하나님은 그 사람의 그릇 크기만큼 채우시고 복을 주셔서 자신의 일을 이루신다. 이런 방법으로 하나님은 자신이 하신 약속을 지키시고 이루신다. 하나님의 명령에 따르며 하나님의 약속을 믿고 기꺼이 도구가 된 사람의 삶은 얼마나 영광스러울까! '돈이 없다', '돈은 나도 많이 필요하다', '거기에 내 돈을 그렇게 많이 쏟을 수 없다' 등 견고한 진에 사로잡힐 때가 얼마나 많은가! 하나님의 일은 우리를 도구 삼으셔서 비전이라는 그릇만큼 채우시고 하나님이 이루신다는 확신이 필요하다. 그렇게 우리는 견고한 진을 파하고 사로잡아 복종시켜야 한다.

선교지에서 언어를 배운다. 그러면 머릿속에 두 언어가 자리 잡는다. 많이 사용하는 상황에 놓인 언어가 무의식적으로 먼저 나온다. 인도네시아어를 늘 사용하다 보면 한국 사람을 만났는데도 종종 인도네시아 말이 나와 당황스럽다. 한국에서 한국어로 설교해야 하는 상황인데도 자꾸 인도네시아 말이 나오고, 한국어가 빨리 떠오르지 않고 어눌해질 때가 있다. 인도네시아어는 한국어보다 배우기 쉽기 때문에 그렇기도 하다.

우리 안에 들어와 각인되어 자리 잡은 세상적 생각과 이론은 견고한 진이 되어 시도 때도 없이 튀어나온다. 이 견고한 진은 하나님의 말씀이 들어오지 못하도록 방어하고 불순종으로 이끌 뿐 아니라, 적극적으로 하나님을 대적하는 데까지 이끈다. 이 견고한 진은 반드시 파해져야 하고, 그것은 말씀의 능력으로만 가능함을 확신해야 한다.

성경에서 하나님의 말씀에 점을 찍는 세 번째 예는 아브라함이다.

*

사람이 감당할 시험 밖에는 너희가 당한 것이 없나니 오직
하나님은 미쁘사 너희가 감당하지 못할 시험 당함을 허락하지
아니하시고 시험 당할 즈음에 또한 피할 길을 내사 너희로
능히 감당하게 하시느니라(고전 10:13).

아브라함은 이 말씀에 점을 찍은 사람이다. 단순한 신앙으로 이 말씀에 점을 찍음으로 하나님 앞에 반응했다. 쉼표나 물음표를 찍거나 다른 접속사를 붙이면서 장황하게 변명을 늘어놓지 않았다. 점을 찍음으로 말씀의 능력이 밀려와 견고한 진의 능력을 파해 버린 것이다. 아브라함은 말씀에 순종하여 승리하고 하나님께 칭찬받고 인정받고 복 받은 사람이다.

하나님은 아브라함에게 아들을 희생 제물로 바치라 하셨다. 말씀을 믿는 아브라함은 하나님의 말씀만이 언제나 내 결론이라고 고백했다. 이 명령은 말씀에 점을 찍을지, 장황한 변명을 늘어놓을지 보고자 하는 시험이었다. 행간에 어떤

이야기들이 있는지, 어떤 고민들이 있었는지는 모르지만 결국 아브라함은 순종한다. 말씀에 점을 찍은 것이다. 아브라함은 다른 가능성을 보지 않았다. 말씀에 점을 찍고 그대로 순종했다.

아들을 드리라는 시험은 많은 고민을 낳는다. 자녀를 선교사나 목회자로 드리기도 어려울 때가 있는데, 내 손으로 죽여야 한다면 이것을 행할 사람이 과연 얼마나 될 것인가. 감당할 수 없는 시험은 없다는 말씀과 우리의 생각은 극단적으로 대립할 수밖에 없다. 과연 우리는 하나님과 그분의 말씀 사이에서 말씀에 점을 찍고 아들을 바치는 순종을 할 수 있을까?

중학교 1학년 학생에게는 1학년 수준에 걸맞은 문제가 출제된다. 조금은 어려운 것들이다. 그 시험을 통과하면 중2가 된다. 또 그때에 맞는 시험이 제출되고, 그것을 통과하면 중3이 된다. 시험이 어렵기는 하지만 충실히 공부하면 비록 100점을 받지는 못할지라도 통과하여 다음 단계로 올라갈 수 있다. 이런 모습을 우리의 신앙에 적용해 보자.

우리 믿음의 수준이 4라고 가정해 보자. 하나님은 우리에게 5라는 시험을 주신다. 5 수준의 시험을 잘 치르면 믿음의 수준이 5가 된다. 믿음의 수준이 5가 되면 하나님은 6이라는 수준의 시험을 주시고, 우리가 잘 통과하면 믿음의 수준이 6이 된다. 조금 어렵기는 하지만 충분히 감당할 수 있는데도 너무 어려워 감당할 수 없다고 말한다.

하나님은 우리에게 걸맞은 시험을 주어 우리 믿음의 수준을 끌어올리신다. 어렵기는 하지만, 걸맞은 시험을 주신다. 그렇기에 하나님은 감당 못할 시험을 주지 않는다고 말씀하신다.

아브라함의 믿음의 수준이 9라고 가정해 보자. 아들을 죽이라는 시험은 10이었다. 감당 못할 시험은 주시지 않는다. 아브라함은 주님이 주신 시험은 내 믿음에 걸맞은 시험이라고 확신하고 아들을 드리라는 말씀에 점을 찍어 순종했던 것이다.

지금 나의 믿음이 4 수준이라면 하나님은 5 수준의 시험을 준비하시지 아브라함에게 하셨듯 10을 내시지는 않으리라 확신한다. 하나님은 내가 감당할 수준과 감당 못할 수준을 아신다. 그리고 감당 못할 시험을 주지 않는다고 하셨다. 10이라는 수준의 하나님의 시험을 일반화시키지 말라. 아무에게나 주시지 않고 믿음의 수준이 9에 달한 사람에게 주시는 것이다.

걱정하지 마라. 믿음의 수준이 4인 사람들이여! 여러분에게는 5 수준의 시험이 기다리고 있다. 4인 나에게 9의 시험을 주시지 않는다. 그래서 하나님이 주시는 시험을 감당하는 것이다.

지금은 아니지만, 우리 믿음의 수준이 9가 되면 주님은 10 수준의 시험을 주실 것이다. 걱정하지 말라. 지금 믿음의 수준이 4일 때 10의 시험을 주시지 않는다. 감당 못할 것을 아신다. 그러나 우리 믿음의 수준이 9가 되면 주님은 분명 10 수준의 시험을 주실 것이다. 걱정하지 말라. 그때 우리는 너끈히 10 수준을 감당할 수 있다.

그러나 문제가 한 가지 있다. 우리의 소망은 무엇인가? 믿음이 자라는 것 아닌가. 10 수준의 시험이 무서워 믿음의 수준이 9가 되는 것을 두려워하는가? 그래서 지금처럼 4에서 머물기를 바라는가? 걱정하지 말라. 주님의 말씀에 점을 찍으라. 전적으로 동의하라.

이 말씀에 우리의 견고한 진은 이렇게 반응한다. '내게 다가온 고난은 황당할 정도로 무겁다. 도저히 감당할 수 없다. 나만큼 어려운 사람이 어디 있나? 누가 나를 도울 수 있으랴?'

1, 2 수준의 고난인데도 우리의 견고한 진은 내가 당하는 고난이 10 수준이라고 결론을 내린다. 그러나 정말 10 수준의 시험을 당하고 있다면 주님은 내 믿음의 수준을 9로 봐주시는 것이다. 이것은 우리를 아브라함처럼 대하신다는 뜻이다. 우리를 친구 삼으시고 인정하신다는 뜻이다. 그럼에도 견고한 진은 고난이 오면 하나님이 외면하신다거나 하나님은 능력이 없으시다는 결론으로 우리를 이끈다. 말씀과 동떨어진 결론이다.

감당 못할 시험을 허락하지 않으신다는 말씀에 점을 찍고 순종함으로, 감당할 수 없다는 견고한 진을 파해 버리자. 하나님의 말씀만이 견고한 진을 파하는 능력이 된다.

인도네시아에서 직접 목회를 했다. 하나님이 도우셔서 1년에 성도가 200명가량 출석하는 교회로 성장하였다. 그때 전도하려고 만나던 가톨릭 신자 부부가 있었다. 두 사람은 중국계 인도네시아인이었다. 가톨릭 신자들이 욥기와 전도서에 관심이 아주 크다는 것을 그때 알았다. 그것을 기반으로 깊은 철학적 사고를 한다는 사실도 알았다. 한번 만났다 하면 철학적으로 깊이 생각해야 하는 주제가 이어져야 했다. 나도 잘 모르는 빅뱅이론 등을 내세워 인생이 이렇다 저렇다 말할 때는 머리가 많이 아팠다. 언어 실력도 많이 부족한데 그런 주제로 이야기해 나가자니 고역이었다. 전도를 목적으로 이야기를 받아주며 대화를 나누지만, 철학적 관점으로 이야기하다 보면 끝이 없다. 결론도 없는 이야기를 하다가 나도 모른다며 끝맺는 경우가 많이 있다. 우스운 말이지만 그렇게 서너 시간 이야기를 나누고 돌아오면 다음 날까지 쉬어야 했다.

그 집에는 뒷마당이 있고 거기에 방이 하나인 건물이 한 채 있었다. 거기에는 그분의 형님이 묵었는데 형님은 밥도 거기서 먹고 대소변도 거기서 해결했다. 하루에 두 번씩 가정부가 와서 호스로 물을 뿌리는데 그것이 목욕이었다. 부인이 나에게 눈물을 흘리며 말했다. 다섯 형제가 있는데 왜 저 아주버니가 우리 집에 왔는지 모르겠다고 했다. 남들은 편한데 자기는 너무 어렵고 견디기 힘들다는 말이었다. 나는 그에게 말했다. 어렵고 견딜 수 없다 말하지만, 하나님은 다섯 형제 중 당신에게 가장 온유와 인내에 있어서 점수를 많이 주셨다. 다른 형제에게 갔다면 밥에 약을 타든지 해서 지능적으로 죽였을지도 모른다. 아니면 매일 부부싸움을 할지도 모른다.

나는 이민 교회를 20년 목회했다. 한인들은 10년, 20년 이민생활을 한다. 어렵다고들 한다. 그러나 이민은 복음을 전파하는 하나님의 방법임을 확실히 믿는다. 하나님은 아무렇게나 이민을 보내시지 않고 자격 있는 자들을 선택해서 보내신다는 것도 확신한다. 아무렇게나 보내거나, 하나님도 모르는데 이민을 왔고 자격이 없는 사람이었다면 견디지 못하고 목숨을 끊음으로 매일매일 이민 역사가 새로 쓰였을지도 모른다. 말로는 어렵다고 하지만, 하나님이 선택해 보내시니 견디고 교회도 섬기며 선교 역사에 동참하는 것이다.

바로 그 부인은 형을 돌보기에 가장 자격 있고 적합하다고 주님이 선택한 사람인 것이다. 자신은 아니라 할지라도 말이다. 얼마 후에 그 형님이 돌아가셨다. 그때 나는 부인에게 말해 주었다. 당신의 인내가 메말랐고 하나님이 그것을 아셨을 때 피할 길을 주셨다고. 그래서 감당 못할 시험은 없는 것이라고.

얼마 후에 부부가 교회를 나오기 시작했다. 누가 정신적으로 병든 사람을 잊지 않고 그렇게 자주 심방하고 기도해 주겠느냐며 감동이 되어 나왔다. 형님을 만나러 가면 그 부부와 만나야 했다. 만나서 그 부부와 결론 없는 철학적 논쟁도 해야 했다. 가톨릭 신앙이 뿌리가 깊어 쉽사리 교회에 나오지 않을 것 같았다. 그렇지만 말씀에 점을 찍고 계속해서 그 분의 형님을 사랑으로 심방하고 기도해 주었다. 부부가 교회에 나온 것은 논쟁에서 내가 이겨서가 아니다. 말씀에 점을 찍고 순종하여 사랑으로 심방하니 계기가 되었다. 말씀에 점을 찍고 순종하니 그들 속의 견고한 진을 파하는 능력이 되었다.

빌립보서 2장은 겸손이 주제다. 그리고 그 강력한 겸손의 본이 예수님의 십자가다. 겸손은 자신을 부인하고, 철저한 자기 부인으로 겸손은 순종을 낳는다. 하나님이 죄 많은 인간이 된 것, 낮아진 것은 굴욕이나 자존심 손상이나 창피함이 아니다. 말씀에 대한 철저한 순종은 견고한 진 가운데 빠진 온 인류를 구원하는 능력이 되었다.

여기서 모든 문제를 다룰 수는 없다. 전도와 선교 문제, 주일성수 문제, 십일조 문제, 용서 문제, 헌신과 충성 문제, 주초(酒草) 문제, 항상 기뻐하라는 말씀……. 견고한 진은 사사건건 우리를 지배하려 들고, 하나님의 말씀에 반대하는 삶으로 이끌려 한다. 그렇기에 끊임없이 말씀에 점을 찍어 순종하기를 연습해야 한다.

3. 긴밀한 교제

우리의 논제는 주 안에서 견고한 진을 깨고 승리하기다. 우리는 자신이 얼마나 견고한 진에 둘러싸여 있는지 인식해야 한다. 그 진은 말씀을 무기로 파하여 무너뜨릴 수 있다고 확신한다. 그래서 매순간 어디서나, 사사건건 말씀에 점을 찍고 순종하는 연습이 끊임없이 이어져야 한다.

여기서 다룰 주제는 하나님과 깊은 관계를 맺으며 교제하기이다. 견고한 진을 깨고 신앙으로 승리하는 삶은 전적으로 여기에 달려 있다.

세상에 종교가 많다. 우리가 들어 보지도 못한 종교도 있다. 인도네시아는 이슬람이 주류이지만 우리가 모르는 민속종교가 허다하다. 그 많은 종교를 가만히 들여다보면 나름 장점이 있다. 매력도 있다. 어떤 때는 능력도 있어 삶에 실질적으로 도움이 될 듯 보이기도 한다. 다 나름대로 찬양이 있고 기도가 있고 경전이나 구전으로 전해지는 가르침이 있어서 비슷비슷하다는 생각도 든다.

그러면 왜 나는 굳이 기독교를 선택하여 믿고 있는가? 기독교가 특별하게 다른 점이 무엇인가? 무엇이 기독교를 기독교답게 만드는가?

기독교가 다른 종교와 다른 점은 바로 창조자이신 하나님 혹은 신앙의 대상이신 하나님과 믿는 자 사이에 특별함이 있기 때문이다. 그것을 '관계'라고 한다. 우리 신앙에 여러 가지가 중요하겠지만, 가장 중요한 것은 하나님과의 관계다.

나는 가정에서 처음 믿음을 가졌고, 나중에는 부모님도 교회에 발을 딛고 믿음의 사람이 되셨다. 그전에는 우리 집도 때마다 제사를 드렸다. 어려서부터 자주 들었던 이야기가 있다. 가정에 어려운 일이 일어나면 조상이 노하셨단다. 꿈에서 조상들에게 뱀을 드렸더니 조상들이 화를 내셨는데 어제 차려둔 제사상을 봤더니 밥에 머리카락이 있었다는 이야기 등이다. 그래서 이장, 즉 무덤을 옮겨야 한다는 이야기도 들었다. 그렇게 해야 조상들의 노가 식는다는 것이다. 무엇인가를 해서 조상들의 노를 가라앉히고, 정성을 들여 잘해드리면 조상들이 복을 준다는 것이 조상숭배의 결론이다.

다른 종교에서는 경전, 즉 자기들이 믿는 신이나 교주의 가르침이 제일 중요하다. 교주의 가르침에 초점을 맞추고, 그 가르침을 충실하게 지켰는지 안 지켰는지가 주안점이다. 기록되어 적힌 무엇인가를 잘 지켜 행하면 자기들이 믿는 신이 복을 주고, 무엇인가 잘못 행하면 신이 저주를 준다고 그들은 믿는다. 그리고 몇 가지라도 지키면 자긍심을 느끼고, 그렇지 못한 자들은 못 지켰다고 정죄하는 것이 신앙과 삶의 내용이다.

행했는지 행하지 않았는지, 성공했는지 실패했는지를 겉으로 보이는 결과와 외모로 판단하게 된다. 왜 행하지 못했는지, 왜 행했는지 동기는 다루지 않는다. 행했는지 행하지 않았는지가 복과 저주의 조건이 된다. 지키지 못하면 저주를 받는다는 두려움에 빠지게 된다. 지키면 교만할 정도로 자긍심을 가져 지키지 못한 사람들을 정죄한다.

다시 말하자면 이 세상의 모든 종교는 가르침이 있는데 가르침대로 행했는지 못했는지가 관건이라는 것이다. 가르침과 가르침대로 행함, 이것이 칭찬과 저주의 기준이며 구원의 기준이다. 율법종교의 전형적인 모습이다. 하지만 그 수많은 윤리와 도덕과 율법을 다 지키는 사람은 세상에 없다. 율법으로 구원받을 존재는 없다는 사실을 알아야 한다.

물론 이런 경전을 저술하고 한 종교를 만든 사람이 위대한 사람인 것은 틀림없다고 생각한다. 각고의 노력 끝에 얻은 결론을 가르침으로 남겼을 것이다. 그럼에도 그 종교를 신봉하는 사람들은 그 가르침을 남긴 사람과 상관없이 그가 남긴 글, 즉 가르침과만 씨름한다. 그 종교를 시작한 사람이나 그 종교가 말하는 신과 인격적 관계가 없다는 것이다. 극단적으로 생각하면 교주의 인격이 어떠하든 상관이 없다. 가르침만 좋으면 되는 것이다. 가르침만 있으면 되고, 그 가르침을 만든 교주를 존경하면 충분하다. 교주와 그 종교의 신과 신도들 사이에 아무 관계가 없어도 상관없다. 윤리 선생님이 강의실에서 좋은 가르침을 줄 수는 있다. 그러나 학생들과 긴밀한 관계나 인격적 관계가 없어도 아무 상관이 없다. 가르치고 나면 끝이다. 퇴근 후에 그가 어떻게 살든 상관이 없을 수도 있다. 종교들이 바로 그렇다.

세상에는 수많은 종교와 철학과 살아가는 방법이 있지만 단 두 가지로 요약된다. 율법과 은혜다. 율법의 대척점에는 은혜가 있고, 은혜의 대척점에는 율법이 있다.

은혜는 무조건적인 사랑이다. 잘잘못을 따지긴 하나 그래도 사랑한다. 하나님은 우리가 넘어지고 실패해도 여전히 사랑하신다. 손을 내밀어 일으켜주신다. 넘어졌기에, 실패했기에 더 측은하게 여기고 다가와 사랑하신다. 죽어 마땅한 우리의 죄를 대신하여 찗어지고 죄의 대가를 위해 자신이 죽어주실 정도로 사랑하신다. 이것이 은혜다. 이런 무조건적인 사랑은 은혜에서 나온다. 그리고 이런 은혜는 관계에서 나온다. 관계가 없는 사람이 하대하면 기분이 나쁘지만, 관계가 긴밀한 사람이 하대하면 친밀감의 표시로 다가온다. 관계에 따라 상황은 달라진다. 우리가 믿는 하나님은 우리를 은혜로 대하신다. 왜냐하면 자신과의 관계를 위해 우리를 창조하셨기 때문이다. 그래도 사랑하시며, 그럼에도 불구하고 사랑하신다. 위에서 보았듯이 하나님과 우리의 친밀한 관계에서 은혜가 나온다.

가정을 생각해 보자. 가정은 다사다난하지만 은혜로 운용되는 세상의 표본이다. 불평불만도 나오고, 마음에 들지 않는 때도 있으나 가정은 관계와 관계에서 나오는 은혜로 돌아가는 기관이다. 부부를 생각해 보자. 설거지도 해주고 청소도 해주면 좋은 부부일 수 있지만, 결국은 무엇을 해주기 때문이 아니라 긴밀한 관계가 부부를 부부로 만든다. 이게 사랑이라는 관계다. 이 관계가 있으면 남편이 돈을 많이 벌어오지 못해도, 아내가 집안 살림을 조금 못해도, 간장에 밥만 비벼 먹어도 행복하다는 고백이 나온다.

하나님은 우리에게 가르침만 주신 뒤 지키는지 안 지키는지 숨어 주시하면서 복과 저주를 내리려고 준비하는 분이 아니다. 기쁠 때도 슬플 때도, 가난할 때도 부할 때도, 실패할 때도 성공할 때도, 우리와 깊고 긴밀한 관계 맺기를 소원하시는 분이다.

놀랍게도 하나님은 자신과 우리의 관계를 아버지와 자녀 관계로 정의하셨다. 우리의 격은 도저히 그런 관계를 하나님의 격과 유지할 만하지 못하다. 그럼에도 우리를 끝까지 사랑하시겠다는 것이다. 십자가를 통해 독생자까지 선물로 주셨다. 이것이 은혜다. 아버지와 자녀의 관계는 은혜의 관계다. 하나님과 우리의 관계가 그렇다.

바르고 오래가는 깊은 관계를 맺으려면 관계를 맺는 양측의 인격이 중요하다. 성경은 그리스도인들의 인격을 반복적으로 강조한다. 용서, 사랑, 인내, 겸손 등 헤아릴 수 없다. 왜냐하면 교인들과 교회가 하나 되는 것이 지상과제인데, 하나 된 관계를 맺으려면 하나를 만들 만한 인격이 있어야 하는 까닭이다. 그 인격이 갖추어지지 않으면 서로 분노하고 싸우고 분열할 수밖에 없다.

다른 종교는 교주나 신들의 인격과 관계없이 가르침만으로 종교가 유지된다. 가르침이 기준이기 때문이다. 그것을 지키느냐 아니냐가 중요하기 때문이다. 그러나 기독교는 우리가 믿는 분의 인격과 삶이 무엇보다 중요하다. 우리가 공부하는 내용과 따라야 할 본은 적힌 가르침, 즉 성경 말씀뿐 아니라 그 말씀을 주신 분의 인격과 삶이다. 그분을 따르는 우리는 그분의 인격과 삶을 따라 살아야 한다. 따라 살 수 있는 근거는 그분과 맺는 인격적인 관계와 교제이다. 이것을 가질 때에만 가능하다. 인격적이고 긴밀한 교제 없이 가르침만을 따라서 살 수는 없다. 인격적이고 긴밀한 교제가 전혀 없는데도 가르침을 잘 따르기란 불가능하다. 이것이 가능하다면 이른바 바리새인이 된다는 것이며, 율법적으로 종교생활을 한다고 볼 수밖에 없다.

기독교는 주님의 인격, 주님을 따르는 사람들의 인격이 중요하다. 그분의 인격과 우리의 인격이 만나서 가지는 인격적 교제는 아름답고 정직하며 깊어질 수밖에 없다. 인격적이신 그분은 우리와 인격적 교제를 가지려 우리를 인격으로 만드셨다.

믿는 사람들이 잘못되고 넘어지고 실패할 때 빨리 일으켜 주시지 않는다고 불평할 때가 있다. 하나님이라면 적어도 이래야 된다, 저래야 된다고 예단하는 경우가 허다하다. 그러나 주님이 침묵하시거나 연기하시듯 느껴질 때 지금 우리를 인격으로 대해주시는 것임을 기억하자. 주님은 넘어지자마자 일으켜주는 기계가 아니다. 하나님은 넘어진 우리를 아무 인격도 없는 인형이나 물건으로 보지 않으신다. 우리를 인격으로 보시고 우리 스스로 일어나기를 격려하며 기다려주신다. 넘어진 우리 옆에서 일어나라고 격려하시고 기다리시다가 일어나면 박수를 쳐주신다. 우리가 넘어졌을 때 우리를 인격으로 대하시는 것이다. 기쁘지 아니한가! 안 계신 것이 아니다. 우리를 사랑하지 않는 것이 아니다. 일으켜 줄 능력이 없어서 아무 일도 못하시는 것이 아니다. 내가 넘어진 그 상황은 그분의 인격과 우리의 인격이 만나는 상황이며, 그 교제를 통해 우리가 힘을 얻어 이기고 승리하는 상황이다. 우리가 넘어졌을 때 그분은 우리 곁에 계시며, 우리에게 주신 인격과 우리 인격을 통한 선택을 존중해주신다.

넘어졌다고 울고만 있을 것인가, 인격적인 주님이 옆에 계시다는 믿음으로 용기 있게 일어날 것인가? 용기를 가지고 일어나기를 주님은 응원하고 계신 것이다. 너무 깊은 늪에 빠진 경우 언제라도 손을 뻗어 구할 준비를 하고 계신다. 넘어진 순간 우리는 그 어떤 것이 아니라 살아 계시며 바로 그 순간에 거기 계신 그분과의 깊은 교제만을 생각하면 된다. 그분은 인격이시며 우리를 인격으로 만드셔서 언제 어디서나 인격적 만남과 교제와 깊은 관계를 맺기 원하신다. 그 자리에서 그분과 교제가 있다면 우리는 어떤 상황에서도 승리할 수 있다. 넘어지자마자 주님이 일으켜주셔야 강해지는 것이 아니라, 기다려주시며 옆에 계신 주님을 믿고 일어날 때 우리는 더 강해진다. 그분과의 관계는 어느 때도 깨지지 않는다. 내가 그분의 손을 놓아도 그분은 절대 내 손을 놓지 않으신다. 그래서 우리는 그분과 계속 관계를 맺게 된다.

그러면 우리 편에서는 그분과 어떻게 교제할 수 있을까? 교제에서 가장 중요한 것은 소통이다. 관계가 있는 사람들은 서로 말하고 묻기도 하고 대답하기도 하면서 소통한다. 우리가 하나님과 소통할 때 통로가 되는 것이 바로 말씀과 기도다.

하나님의 음성을 듣는다고 하면 왠지 이상한 신앙 행태 아닌가, 이단 아닌가 하는 인상을 한국 교회는 받는 분위기다. 직접계시를 받는다는 사람들 때문에 이런 부정적 인상이 생겼다. 그러나 어쨌든 하나님은 말씀하시는 분이다. 성경은 하나님께서 말씀하신다고 곳곳에 적고 있다. 모세를 찾아와 말씀하시고, 아브라함을 만나 수없이 말씀하신다. 그들은 하나님이 말씀하시면 듣기도 하고 또 되묻기도 한다.

*

곧 내가 기도할 때에 이전에 환상 중에 본 그 사람 가브리엘이 빨리 날아서 저녁 제사를 드릴 때 즈음에 내게 이르더니 내게 가르치며 내게 말하여 이르되 다니엘아 내가 이제 네게 지혜와 총명을 주려고 왔느니라 곧 네가 기도를 시작할 즈음에 명령이 내렸으므로 이제 네게 알리러 왔느니라 너는 크게 은총을 입은 자라 그런즉 너는 이 일을 생각하고 그 환상을 깨달을지니라 네 백성과 네 거룩한 성을 위하여 일흔 이레를 기한으로 정하였나니 허물이 그치며 죄가 끝나며 죄악이 용서되며 영원한 의가 드러나며 환상과 예언이 응하며 또 지극히 거룩한 이가 기름 부음을 받으리라(단 9:21~24).

이처럼 미래에 대한 계획을 알려주신다. 다니엘은 하나님의 음성을 듣고 이해했다. 하나님은 다니엘과 자신의 뜻을 소통하시고 다니엘은 듣고 이해하고 전했다.

*

> 이르되 내가 욥바 시에서 기도할 때에 황홀한 중에 환상을 보니 큰 보자기 같은 그릇이 네 귀에 매어 하늘로부터 내리어 내 앞에까지 드리워지거늘 이것을 주목하여 보니 땅에 네 발 가진 것과 들짐승과 기는 것과 공중에 나는 것들이 보이더라 또 들으니 소리 있어 내게 이르되 베드로야 일어나 잡아먹으라 하거늘 내가 이르되 주님 그럴 수 없나이다 속되거나 깨끗하지 아니한 것은 결코 내 입에 들어간 일이 없나이다 하니 또 하늘로부터 두 번째 소리 있어 내게 이르되 하나님이 깨끗하게 하신 것을 네가 속되다고 하지 말라 하더라(행 11:5~9).

이와 같이 하나님은 율법시대를 마감하시고, 율법을 알고 지키는 유대인뿐 아니라 율법 밖의 사람들을 위한 세계선교를 예고하신다. 사도행전 22장에서는 바울에게 "너를 멀리 이방인에게로 보내리라"라고 말씀하신다. 바울은 그 음성을 듣고 순종함으로 하나님께 응답한다.

사무엘하 5장에는 다윗과 블레셋의 싸움이 기록되어 있다. 블레셋 사람들이 가득 쳐들어 왔다. 어쩔 수 없이 싸워야 하는 상황이다. 쳐들어갈지 멈출지 알고 싶으면 하나님께 여쭈어 볼 수 있다. 그러나 적이 쳐들어와 코앞에 닿았고, 칼이

눈앞에서 어른거리는데, 당연히 방어나 반격이 먼저지 하나님께 물을 필요도 시간도 없다. 그런 상황에서도 다윗은 하나님과 소통하며 싸움 여부를 여쭙는다. 주님은 싸우러 올라가라고 대답하신다. 다윗은 그 순간에도 하나님과 소통하며 교제하였다. 당연히 승리하였다. 서로 소통하는 교제에서 힘을 얻었던 것이다. 블레셋은 전열을 가다듬고 곧바로 다시 쳐들어온다. 그때도 다윗은 주님과 소통하며 교제하고 주님은 응답하셨다. 이번에는 다른 전술을 알려주셨고 그 전술로 다윗은 승리하였다.

말하고 듣고 묻는 주님과의 소통을 통한 깊은 교제가 신앙의 성숙을 가져온다. 주님을 더 깊이 알고 날마다 새롭게 안다. 주님과 얼마나 가까운가, 이것은 얼마나 능력 있는가와 상통한다. 신앙 성숙만이 세상을 이길 힘이 되는 것이다. 그 교제의 통로와 도구는 하나님의 말씀이며, 말씀을 깊이 묵상함이다. 주야로 말씀을 묵상하는 것은 여호수아에게 주어진 견고한 성, 여리고 성을 파하고 승리하게 되는 보증이다.

하나님은 성경을 통해 우리에게 말씀하신다. 아니 성경 자신이 하나님의 말씀이다. 성경을 펴서 보고 있을 때, 보는 그 말씀이 하나님의 말씀이다. 기록된 말씀을 통해 하나님은 지금 나에게 말씀하시고, 우리는 그 말씀을 읽으며 이해하고 듣는다. 말씀 묵상을 통해 얻은 그날의 결론은 하나님이 그날 나에게 주시는 말씀이며 음성이다. 말씀 묵상을 통해 지금 주님의 음성을 듣는다. 그 사건에 대해 어떤 것이 옳은지,

무엇을 해야 할지 말씀해주신다. 말씀을 묵상하며 하나님께 여쭈어 볼 수 있다. 하나님은 나에게 무엇이라고 말씀하시는지? 그 말씀이 나에게 의미하는 것이 무엇인지? 여전히 나에게도 그 말씀과 약속이 유효한지? 그 말씀을 오늘 나에게 어떻게 적용할지, 오늘을 어떻게 살아야 할지? 오늘 나에게 무엇을 해주실지? 나는 주님을 위해 무엇을 해야 하는지?

묵상한 말씀에서 하나님은 우리에게 말씀하시고 응답하신다. 반대로 말씀을 통해 주님이 우리에게 물어보시기도 한다. 이 말씀을 이해했는지? 이 말씀대로 살고 있는지? 이 말씀을 어떻게 적용하고 싶은지? 묵상한 말씀을 가지고 기도할 때도 똑같은 교제를 나눌 수 있을 터이다. 기도하면서 묵상한 말씀을 계속 되뇌면 더 확신을 갖고 더 확실하게 하나님의 음성을 들을 수 있다. 주님은 살아 계시고 우리를 사랑하시기에 기꺼이 우리와 소통하며 교제하길 원하신다. 듣고 묻고, 묻고 듣고……. 날마다 하나님과 이런 친밀한 교제를 갖는다니 얼마나 아름다운가! 얼마나 힘이 있는가! 얼마나 흥분되는 신앙생활인가! 관념적이고 형식적이며 율법적인 신앙생활의 견고한 진을 하나님의 관계에서 흘러나오는 은혜로 통쾌하게 깨뜨릴 수 있다.

이 장의 결론은 다음과 같다. 세상이나 종교들은 삶에 막대한 영향을 미친다. 그런데 그것들이 돌아가는 체계는 율법체계다. 가장 은혜가 많다는 가정에서도 '성적이 올라야', '아버지 구두를 닦아야'라는 조건으로 용돈이 올라간다. 이것이 율법체계다. 조건이나 외모로 판단하고, 무정한 정죄와 교만이 난무하는 게 율법체계의 내용들이다. 그것이 종교든 철학이든 세상 사람들의 삶의 방법이든 율법체계로 돌아가면 결과는 똑같다. 조건을 보고, 외모로 판단하고, 못하는 사람들을 정죄하고, 못할 것을 두려워하게 된다. 이것이 세상을 망가뜨려 온 원흉이다. 이것으로는 절대 세상을 구원할 수 없다. 못난 사람, 죄인에게 아무리 율법을 들이대도 율법을 지킬 힘이 없다. 못 지키니 죄책감과 정죄감만 키울 뿐이다.

그래서 십자가의 은혜가 필요하다. 약하고 부정하기 때문에 더 사랑해야 하고, 그래도, 그럼에도, 받아주고 사랑해주는 은혜가 필요한 것이다. 은혜의 십자가와 은혜의 사랑만이 약하고 죄인으로 이루어진 이 세상을 구할 수 있다. 은혜가 능력이다. 율법체계로 돌아가는 이 세상의 세계관과 견고한 진을 파하는 능력은 은혜뿐이다.

*

긍휼을 행하지 아니하는 자에게는 긍휼 없는 심판이 있으리라 긍휼은 심판을 이기고 자랑하느니라(약 2:13).

긍휼은 은혜다. 심판(정죄와 저주)은 율법체계의 결론이다. 은혜는 율법이라는 견고한 진을 파하는 능력이다.

요즘 교회가 많이 타락했다고 하고, 교인들이 교인으로서 삶이 없다고 한다. 이런 시기에 기승하는 것이 율법 설교가 이다. 교인들이 교인답게 살지 않는다고, 이렇게 저렇게 살아야 하는데 그렇지 못하다고 설교한다. 그러니까 빛과 소금으로 살지 못하고 세상에서 욕을 먹는다고 한다. 그러나 그런 율법적인 삶이 우리를 구원하는 것이 아님을 기억하자. 율법을 아무리 잘 지키려 해도 우리는 그렇게 할 능력이 없는 연약한 존재임을 고백하자. 율법을 잘 지키는 것은 이를 악물고 각고의 노력을 기울인 결과가 아니다. 하나님의 법을 지키며 빛처럼 소금처럼 살려면 하나님의 은혜를 진정 깊이 알아야 한다. 하나님의 깊은 은혜를 알면 알수록 은혜와 복의 결과로 교인답게 살게 되는 것이다. 주님과의 은혜롭고 인격적인 관계를 통한 교제가 교인다운 삶을 사는 원천이다. 더 교인답게 살려면 말씀 묵상을 통한 주님과의 교제 안에서 더 깊은 은혜를 체험해야 한다.

이 은혜는 율법에서 나오지 않으며, 율법을 잘 지킨다고 해서 생기지도 않으며, 은혜의 주인이신 하나님과의 깊은 관계에서 나온다. 그러기에 구원과 은혜의 주인이신 하나님과의 관계를 더 돈독히 해야 한다. 그러려면 매일 주님과 교제하는 것이 필요하다. 교제의 도구는 하나님 말씀이다. 그 말씀을 묵상하며 그 말씀을 통해 주님과 소통하며 교제할 수 있다.

시편 23편을 보면 원수 앞에서도 우리에게 밥상을 베푸신다고 한다. 참 재미있는 표현이다. 전쟁터에서도 밥상을 차려주신다니 말이다. 이 밥상은 주님과 우리가 같이 밥을 먹는 깊은 관계임을 보여주는 표징이다. 하나님과의 깊은 관계는 견고한 진과 같은 신앙의 원수를 물리치는 능력이 되는 것이다.

아버지와 자녀라는 인격적인 관계로서 날마다 말씀을 통해 갖는 교제! 거기서 경험하는 은혜! 이것은 다른 종교와 차별화된 기독교의 핵심 요소이며, 우리 신앙의 뼈대다. 거기로부터 세상의 견고한 진을 파하는 능력이 샘솟듯 흘러나온다.

4. 마음 지키기

*

그는 그들 모두의 마음을 지으시며 그들이 하는 일을 굽어
살피시는 이로다(시 33:15).

모든 지킬 만한 것 중에 더욱 네 마음을 지키라. 생명의 근원이
이에서 남이니라(잠 4:23).

나는 마음에 대해 심리적으로나 과학적, 신학적으로 깊이 고찰해 본 적이 없어서 잘 모른다. 이 사실을 먼저 고백한 다음 마음에 대한 일반적인 생각을 가지고 이번 주제를 시작하려 한다.

주님은 우리 안에 거하시며 우리 안에서 역사하신다고 성경은 말한다. 그렇다면 하나님은 도대체 우리 안 어디에 거하시며 어디에서 역사하실까? 손톱도 아니요. 머리카락도 아닐 것이다. 그분이 인격이요 우리도 인격이라면 인격의 특징이자 선택하고 생각할 수 있는 마음임에 틀림없다. 하나님은 우리 마음에서 우리와 교제하시며 역사하신다.

*

네 마음의 소원대로 허락하시고 네 모든 계획을
이루어주시기를 원하노라(시 20:4).

그의 마음의 소원을 들어주셨으며 그의 입술의 요구를

거절하지 아니하셨나이다〔셀라〕(시 21:2).

또 여호와를 기뻐하라. 그가 네 마음의 소원을 네게
이루어주시리로다(시 37:4).

위 구절들을 보면 소원은 우리 마음에 있다. 소원은 마음에서 일어나 표출된다. 하나님은 우리 마음의 소원을 거절하지 않고 이루어주겠다고 말씀하신다.

*

너희 안에서 행하시는 이는 하나님이시니 자기의 기쁘신 뜻을
위하여 너희에게 소원을 두고 행하게 하시나니(빌 2:13).

그런데 위의 빌립보서 말씀을 상고해 보면 우리 마음에 있고, 마음에서 나오는 소원은 내 것이 아니며 나에게서 나오는 것도 아니다. 하나님이 자신의 기쁘신 뜻을 우리 마음에 두시면 그 하나님의 뜻은 우리 소원이 되어 마음에서 나오게 된다.

이것도 하나의 신앙 공식이다. 내 소원은 내 소원이 아니라 하나님이 내 마음에 두신, 하나님이 기뻐하시는 뜻이다. 내 마음에 소원이 생겼다면 그 소원을 내가 갖도록 하나님의 기쁘신 뜻을 우리 마음에 두신 것이다.

우리는 하나님이 뜻을 내 안에 주셨는지, 주셨다면 무슨

뜻을 주셨는지 모른다. 그런데 그분이 뜻을 주셨는지, 무슨 뜻을 주셨는지 알 수 있는 방법이 있는데 내 마음에 소원이 생길 때다. 내 마음에 생긴 소원은 하나님이 주신 소원인데, 그 소원이 바로 하나님이 주신, 하나님의 기뻐하시는 뜻이다.

예를 들어 고아원을 세워 고아들을 잘 키우고 싶은 소원이 생겼다고 가정하자. 그것은 내 소원이 아니라 하나님의 소원이다. 고아들을 잘 길러 보기 위해 고아원을 세우고 싶다는, 마음에서 나온 소원은 하나님의 뜻이다. 위에서 언급했듯이 설교를 듣는 가운데 100개의 교회는 세워야겠다는 소원이 생기면 하나님의 뜻임을 간파해야 한다. 그것은 하나님의 뜻이며 하나님의 일이기에 하나님이 더 원하시며, 하나님이 더 일하셔서 그 뜻과 소원이 이루어지리라 믿는다.

빌립보서 4장 6~7절에 보면 '아무것도 걱정하지 말고 감사함으로 기도하라'는 말씀과 함께 '기도하면 지각에 뛰어난 하나님의 평강을 주셔서 마음과 생각을 평강으로 가득하게 하시겠다'는 말씀이 있다. 성경은 기도하면 하나님이 응답하신다고 여러 차례 말한다. 그런데 빌립보서를 보면 응답 이전에 하시는 작업이 있는데 평강을 주신다는 것이다. 응답 이전에 응답을 주겠다는 신호를 보내시는데 바로 마음과 생각의 평안이다. 기도하다가 마음에 평안이 가득하면 응답하시겠다는 하나님의 신호이다.

우리의 마음에 소원이 생기면 이것이 하나님의 뜻이라는 신호임을 알아야 한다. 그 소원이 하나님의 뜻이라면 이루어진다는 분명한 확신을 가져야 한다.

하나님은 내 안에서 역사하신다. 하나님은 내 마음에서 역사하신다. 하나님은 내 마음에 소원을 주신다. 그 소원은 하나님의 뜻이다. 그 소원과 그 뜻은 하나님이 이루신다. 이것이 이 주제에 대한 신앙적 공식이다.

그런데 문제가 하나 있다. 하나님에게는 아무 문제가 없다. 내 마음이 문제다. 하나님은 내 마음을 지으셨다. 내 마음은 하나님의 것이다. 내 마음은 하나님이 내 안에서 뜻을 두시고 일하시는 장소다.

*

그는 그들 모두의 마음을 지으시며 그들이 하는 일을 굽어
살피시는 이로다(시 33:15).

그래서 하나님은 우리가 그 마음을 하나님의 것, 즉 정직과 청결과 새로운 변화와 평강과 믿음으로 채우시기를 원하신다.

*

하나님께서 구하시는 제사는 상한 심령이라 하나님이여
상하고 통회하는 마음을 주께서 멸시하지 아니하시리이다
(시 51:17).

마음이 청결한 자는 복이 있나니 그들이 하나님을 볼 것임이요(마 5:8).

너희는 이 세대를 본받지 말고 오직 마음을 새롭게 함으로 변화를 받아 하나님의 선하시고 기뻐하시고 온전하신 뜻이 무엇인지 분별하도록 하라(롬 12:2).

기록된 바 내가 믿었으므로 말하였다 한 것 같이 우리가 같은 믿음의 마음을 가졌으니 우리도 믿었으므로 또한 말하노라(고후 4:13).

그리스도의 평강이 너희 마음을 주장하게 하라 너희는 평강을 위하여 한 몸으로 부르심을 받았나니 너희는 또한 감사하는 자가 되라(골 3:15).

그러나 세상은 하나님의 뜻이 이루어지지 못하도록 온갖 견고한 진으로 방해한다. 정함이 없는 두 마음 교만, 정욕, 미혹, 완고함이 세상에서 부딪치는 환경과 상황에서 마음속으로 밀려온다.

*

내가 두 마음 품는 자들을 미워하고 주의 법을 사랑하나이다(시 119:113).

또한 너는 청년의 정욕을 피하고 주를 깨끗한 마음으로 부르는 자들과 함께 의와 믿음과 사랑과 화평을 따르라(딤후 2:22).

그러므로 내가 이 세대에게 노하여 이르기를 그들이 항상 마음이 미혹되어 내 길을 알지 못하는도다 하였고(히 3:10).

성경에 일렀으되 오늘 너희가 그의 음성을 듣거든 격노하시게 하던 것 같이 너희 마음을 완고하게 하지 말라 하였으니(히 3:15).

이런 사람은 무엇이든지 주께 얻기를 생각하지 말라. 두 마음을 품어 모든 일에 정함이 없는 자로다(약 1:7, 8).

하나님이 뜻을 우리 마음에 두시면 우리의 마음이 하나님만 바라고 정결하여 바로 우리의 소원으로 나와야 하는데, 마음에 불순물이 많으면 하나님의 뜻과 섞여서 무엇이 하나님 뜻인지 분별하기 어려워진다. 내 마음에 소원이 생겨도 욕심에서 나왔는지, 하나님의 뜻에서 나왔는지 분별하기 어려워진다. 또는 하나님이 두신 뜻이 내 소원으로 피어나지 못하고 사장되어 버린다. 그 뜻을 보지 못하고, 그 음성을 듣지 못하게 된다. 소원은 있어도 견고한 진이 소원으로 솟아난 하나님의 뜻을 강하게 거부하는 것이다.

또한 소원이 분명 하나님의 뜻임을 구별했을지라도 내 속에 들어온 견고한 진은 끊임없이 순종을 연기시키거나 상황에 맞게 변형된 순종으로 이끈다.

요약하자면 욕심, 미혹, 음란 등 세상의 견고한 진이 우리 마음에 깃들면 하나님이 하나님의 기쁜 뜻을 두실 때 이런 현상이 일어난다.

첫째, 하나님의 뜻이 들어왔는지 인식도 못하고 그 뜻이 사장되어 버린다. 둘째, 하나님의 뜻인지 아닌지 분별이 어렵다. 셋째, 마음에 어떤 소원이 생겼는데 내 욕심인지 하나님이 주신 뜻인지 구별하지 못하고 고민하며 시간만 허비한다. 넷째, 소원이 내 마음에 일어났는데 강하게 거부한다. "나는 할 수 없다." "이것은 내 일이 아니다." 다섯째, 소원이 내 마음에 일어났는데 연기하거나 변형되거나 반타작 순종을 하게 된다.

이렇게 해서는 세상의 견고한 진을 파하고 하나님 나라를 이 땅에 세우기 어렵다. 하나님이 우리 마음에 뜻을 주시면 소원으로 받아 소원을 따라 담대함으로 하나님의 일을 해서, 이 땅에 하나님의 일을 이루고 하나님 나라를 확장하고 많은 영혼을 살리는 도구가 되어야 한다.

하나님은 우리 마음 안에서 많은 일을 하신다. 그래서 성경은 마음을 지켜야 한다고 말하는 것이다. 하나님께서 시원하게 일하실 수 있는 마음이 되어야 한다. 그래서 마음을 지켜 정결한 상태가 되어야 한다. 우리 마음은 하나님이 지으신 하나님의 것으로, 하나님이 뜻을 두시는 곳이며, 하나님이 일하시는 곳이기 때문이다.

그런데 마음에 세상이 들어가고 욕심이 들어가고 미혹이 들어가 불순물로 채워지면 불순물과 하나님의 뜻이 혼재되어 하나님의 뜻을 거부하거나 분별하기 어렵다. 무엇이 하나님의 뜻을 따른 소원인지, 무엇이 자신의 욕심을 따른 소원인지 분별하기 어려워지는 것이다.

신앙생활이란 이런 예민한 작업을 해나가는 것이다. 그렇지 않으면 기도해도 응답이 없다고 하고, 평범한 인간이라 그런지 하나님의 뜻을 잘 분별하기 어렵다고 한다. 그러다 보면 날마다 새롭기는커녕 형식적, 관행적, 율법적 신앙생활에 빠져 능력도, 영적 예민함도 잃어버린 신앙인이 되기 십상이다. 그러고는 바울과 베드로 같은 성인들과 같을 수는 없다는 자조와 자기변명에 빠져 신앙생활을 하게 된다.

그래서 성경은 우리에게 그 중요한 우리의 마음을 지키고 지켜야 한다고 한다.

*

모든 지킬 만한 것 중에 더욱 네 마음을 지키라 생명의 근원이 이에서 남이니라(잠 4:23).

우리는 우리의 마음을 지키라는 사명을 받았다. 마음을 정결케 하여 날마다 정직과 평강과 새로운 변화로 채워서 불순물이 마음에 거하지 못하도록 해야 하고, 들어온 불순물을 내몰아야 한다. 내 마음이 주님이 지으신 대로 쓰임 받는 도구가 되어야 한다. 어떻게 우리의 마음을 정결하게 지킬 수 있을까? 유일한 길은 마음에 하나님의 말씀을 두는 것이다. 끊임없이 묵상하고 읽고 적용하는 작업을 해야 한다.

*

그의 마음에는 하나님의 법이 있으니 그의 걸음은 실족함이 없으리로다(시 37:31).

내 아들아 나의 법을 잊어버리지 말고 네 마음으로 나의 명령을 지키라(잠 3:1).

아버지가 내게 가르쳐 이르기를 내 말을 네 마음에 두라 내 명령을 지키라 그리하면 살리라(잠 4:4).

내가 주께 범죄하지 아니하려 하여 주의 말씀을 내 마음에 두었나이다(시 119:11).

인간의 마음은 빙산과 같다고 한다. 빙산은 보이는 부분이 10퍼센트, 보이지 않는 부분이 90퍼센트다. 보이는 부분이 5미터라면 보이지 않는 부분은 50미터이다. 타이타닉호 침몰은 빙산의 보이지 않는 부분을 간과해서 일어났다는 것이 정설이다.

우리는 "그 사람 왜 그래?", "그럴 줄 몰랐어"라고 사람을 평가할 때가 많다. 보이는 부분만 보고 평가하기 때문이다. 겉보기에는 친절하고 부드러운 사람임에 틀림없다. 그런데 갑자기 화를 내거나 속이거나 배신하는 모습을 볼 때가 있다. 평소와 다르기에 그럴 줄 몰랐다고 말하는 것이다. 보이는 부분만으로는 사람을 다 알 수가 없다. 보이지 않는 부분이 사람에게는 더 많고 더 중요하다. 평소에는 남들에게 부드러워 보이지만, 혹은 그렇게 보이려고 노력하지만 마음속에 상처와 분노가 많으면 어느 날 갑자기 분노가 감당하지 못하게 쏟아져 나온다. 겉과 다르게 속에는 분노가 가득하기 때문이다.

보이는 성격이나 행동이 아니라 보이지 않는 마음이 더 문제다. 겉은 잘 꾸밀 수 있다. 그런데 마음에 무엇이 있으면 어느 순간 그것이 나온다. 평소에는 숨겨져 있다가 폭발할 때가 있다. 남에게 보이는, 보여주려는 부분이 그 사람이 아니라 마음속 깊은 곳에 숨겨진 것이 그 사람이다. 겉은 얼마든지 잘 꾸밀 수 있다. 그래서 좋은 평가도 받을 수 있다. 우리는 보이는 부분뿐 아니라 보이지 않는 마음에 더 큰 관심을 가져야 한다.

성경이 말씀한 대로 마음을 정결하게 지켜야 한다. 그러려면 끊임없이 마음에 말씀 작업을 해야 한다. 말씀을 집어넣어야 한다. 평소에 잘 용서하는 척하다가 어느 날 못 참겠다고 마음에 있는 화를 뿜어내는 게 아니라 마음을 용서의 말씀으로 가득 채워서 정말 용서할 수 없는 때에도 말씀에 점을 찍고 말씀에서 말씀하는 용서가 나오도록 해야 한다. 우리의 마음은 하나님이 일하시는 곳이기에 하나님이 일하시기 좋게 마음을 지켜야 한다.

마리아는 마르다의 동생이다. 사람들이 예수님과 사람들을 섬긴다고 바쁠 때 그녀는 예수님의 발 앞에서 말씀을 듣는다. 사람들에게 욕을 먹기도 했다. 그래도 마리아는 시간이 날 때마다 예수님의 말씀을 듣고 말씀을 마음에 담았다. 계속 들으며 묵상하며 말씀하시는 예수님의 마음을 자신의 마음에 담았다. 다른 것은 몰라도 그는 예수님의 마음을 이해했다. 자신의 마음에 들어온 말씀을 가지고 예수님과 깊은 교제를 가지며 예수님의 뜻을 분별했고, 그 예수님의 뜻과 소원이 자신의 소원이 되었다. 예수님의 마음이 자신의 마음이 되었다. 예수님의 말씀과 깊은 묵상을 통해 깊은 교제가 이루어졌기 때문에 예수님께서 십자가에 대해 말씀하실 때, 아무도 예수님의 마음을 이해하지 못할 때에라도 그는 예수님의 마음을 깊이 이해했다. 그때에 예수님의 마음을 가지고 마리아는 장례를 준비하듯 예수님의 발을 닦았다. 예수님의 가시는 십자가의 길, 죽음의 길을 준비해 드렸다.

베드로는 예수님을 따르자마자 예수님과 가까이 있었다. 기적도 많이 경험했고 예수님에게 열광했다. 다른 제자들과 군중들의 지도자와 영웅으로 행세하기도 했다. 그러나 그에게 한 가지 문제가 있었는데, 예수님의 마음을 잘 이해하지 못한 것이었다. 예수님처럼 아이들을 사랑할 마음이 없었다. 소경 바디매오를 측은히 여기는 마음이 없었다. 예수님의 마음과는 반대로 예수님이 사랑한 사람들을 율법이다 관행이다 하면서 배척했다. 예수님의 제자로서 예수님께 가까이 오고 예수님이 받아주시기 원하는 사람들을 접근하지 못하도록 막는 데 앞장섰다.

특별히 십자가 이야기만 나오면 죽음을 말하는 예수님의 마음을 도저히 이해할 수가 없었다. 베드로는 신학적으로나 신앙적으로 있을 수 없는 일을 했다. 마태복음 16장을 보면 그는 예수님을 붙들고 강하게 경고했다. 과장되게 설명한다면 예수님의 멱살을 잡고 한쪽으로 데려가서 손가락질하면서 "그러시면 안 됩니다!"라고 경고하는 것이다. 그때 베드로가 썼던 말이 '에피티마오'라는 말인데 광풍을 꾸짖어 잔잔하게 하실 때 예수님께서 쓰셨던 말을 예수님께 하는 것이다.

광풍은 사람들을 혼란하게 했고, 사람들을 혼란케 하는 배경에는 사단이 있다고 본 것이 통념이었다. 예수님이 광풍과 광풍 뒤에서 사람들을 혼란하게 만들도록 역사하는 사단에게 쓴 단어를 베드로가 예수님께 쓰고 있는 것이다. 베드로의 마음에 있던 본심이 나왔다. 그의 본심은 유능하고 능력 있는 예수님을 힘입어 한자리 차지하는 것이었다. 그런데 자기가 기댈 언덕이었던 예수님이 죽음으로 사라져 버린다면 자신의 희망은 어디로 가는 것일까? 반대할 수밖에 없다.

예수님과 예수님의 마음이 아니라 자신의 욕심과 탐욕이 마음에 가득했던 것이다. 그에게 예수님의 죽음은 있을 수 없는 일이다. 지금까지 그렇게 따랐던 이유가 다 사라져 버리는 것이다.

많은 그리스도인의 마음에 하나님을 향한 분노가 있다는 것을 상담을 배울 때 공부한 적이 있다. 내 마음대로 되지 않기 때문이다. 특별히 힘들고 어려울 때 더욱 그렇다.

베드로는 예수님 곁에 있었지만, 그분의 말씀이 마음에 없었다. 그러니 그분의 뜻이 자신의 뜻이 될 수 없었다. 그분의 뜻이 자신의 소원이 될 수 없었다. 십자가의 삶을 추구하는 그분의 마음이 자신의 마음이 될 수 없었다. 이 욕망으로 가득 찬, 말씀 없는 마음이라는 견고한 진은 베드로와 우리가 십자가의 삶을 살지 못하게 하고, 십자가의 삶과 희생적 사랑이 비전이 되지 못하게 한다.

다른 제자들도 베드로와 마찬가지였다. 말씀을 묵상하며 말씀을 마음에 담지 않으면 처음에는 별 차이가 없어 보인다. 말씀을 먹는 작업을 계속한 마리아나 그런 작업이 없었던 베드로나 제자들이나 별 차이가 없어 보였다. 다 예수님을 따르는 자, 예수님을 사랑하는 자로 비쳤다. 그러나 그런 작업을 한 사람과 하지 않은 사람이 나중에 천지차이를 보일 때가 있다. 예수님은 마음 아파하며 십자가를 지는 자신의 마음을 드러냈다. 자신의 고민을 이야기했다. 그런데 제자들은 예수님의 십자가 죽음을 달가워하지 않았다.

예수님이 세상에서 성공하리라 예상하고, 그렇게 되었을 때 자신들이 차지할 지위를 정해 놓았기에 예수님이 죽음으로 그 자리를 얻지 못한다는 근심과 불평과 분노가 나왔다. 마음에 있던 것이 나온 것이다. 그들의 마음에는 세상적인 성공, 욕심, 미혹, 교만이 있었고, 궁극적 순간에 그 마음에 있는 것이 나왔다. 그의 마음에는 예수님의 뜻, 예수님의 마음, 예수님을 위한 소원이 없었다. 말씀이 없고 말씀을 통한 주님과의 깊은 교제가 없는 마음에 욕심과 탐욕이 자리를 잡았던 것이다. 그 마음이 견고한 진의 중심을 이루었던 것이다. 그렇게 세상을 이길 수는 없다.

나는 1989년 1월, 인도네시아로 파송을 받아 자바 섬 서부에 위치한 도시 반둥에서 약 1년간 언어를 공부했다. 그리고 중부 자바의 수도 서마랑으로 옮겨 사역을 시작했다. 나는 한국의 기독교대한성결교회와 함께 초창기부터 일해 온 선교단체 오엠에스(Oriental Missionary Society)와 더불어 인도네시아에서 사역하고 있다. 자바 섬의 동부에 말랑이란 도시가 있는데, 거기 오엠에스가 세운 인도네시아 성결교회 총회본부가 있고 신학교 본교가 있다. 전도와 교단 확장의 일환으로 교단 중심지인 말랑 외에 중부 자바 서마랑에 신학교를 세우려는 계획이 있었다. 오엠에스가 서마랑에 신학교를 세운 지 6개월 만에 나는 언어공부를 마치고 합류하였다. 나는 교수 사역과 함께 기숙사 사감 역할을 감당했다.

그리고 2년 후에 서마랑 북부에 있는 도시 살라띠가로 이

사를 갔다. 조금 큰집을 얻어 그 집을 반으로 나누고 판으로 막아서 학교로 사용하고, 절반은 가족 생활공간으로 사용했다. 인도네시아는 월세 시스템이라서 집 계약이 끝나면 또 집을 얻어 이사를 다녀야 했다. 재정적 문제 등 여러 부족함이 많아 아직 땅과 건물을 확보하지 못한 상태였다.

살라띠가에는 민간 경찰 쏘스폴(Social Police)이 있는데 외국인들을 관리한다. 쏘스폴 직원이 우리 신학교를 자주 방문했다. 언제까지 세를 얻어 이곳저곳 옮겨다닐 거냐고 물었다. 자기들에게 신뢰를 주어야 한다는 것이다. 학교가 정식 학교로 성장하려면 조건이 있었다. 땅과 건물이 있어야 하고, 교수 정원이 채워져야 하고, 도서관이 세워져 5천 권 이상 구비되어야 한다. 그 조건을 채울 수 없는 학교라는 평가를 받으면 학교 문을 닫아야 한다는 것이 그의 말이었다. 이슬람교도이기에 훼방하는 것인지 돈을 요구하는 것인지 확실치 않았다. 그는 틈만 나면 방문해 그런 말들로 내 마음을 어렵게 했다. 걱정되기도 했다. 어느 날 나는 그 직원에게 말단 직원인 당신이 계속 말할 게 아니라 책임자 되는 사람을 같이 만나서 이야기해보고 싶다고 제안했다.

만나는 날짜를 며칠 뒤로 정했다. 할 수 있는 일이라곤 기도하고 묵상하는 것 외에는 없었다. 항상 해오던 묵상이지만 그날을 기다리며 며칠 동안 했던 묵상은 큰 힘이 되었다. 나는 말씀을 놓고 일관되게 기도했다.

*

모세가 백성에게 이르되 너희는 두려워하지 말고 가만히 서서 여호와께서 오늘 너희를 위하여 행하시는 구원을 보라 너희가 오늘 본 애굽 사람을 영원히 다시 보지 아니하리라 여호와께서 너희를 위하여 싸우시리니 너희는 가만히 있을지니라 (출 14:13, 14).

너희는 이제 가만히 서서 여호와께서 너희 목전에서 행하시는 이 큰 일을 보라(삼상 12:16).

그 말씀이 마음에 들어와 내 마음을 채웠고, 묵상 교제를 통해 주님의 마음을 알게 되었다. 그러자 무엇보다도 내 마음이 담대해졌다. 하나님은 그 묵상을 통해 이 신학교 시작이 하나님의 뜻이고, 그 뜻을 사람들의 마음에 두셔서 신학교를 시작하고자 소원을 주신 분이 자신임을 알게 하셨다.

*

너희 안에서 착한 일을 시작하신 이가 그리스도 예수의 날까지 이루실 줄을 우리는 확신하노라(빌 1:6).

하나님은 시작하신 분이시며 시작하시면 꼭 이루신다는 확신을 주셨다. 그분의 뜻을 따라 소원을 가진 사람들에게 그 소원이 이루어질 것을 묵상을 통해 확증하셨다. 말씀이 내 마음에 가득한데, 하나님의 일을 방해하는 세상의 어떤 견고한 진이 그 앞에 설 수 있겠는가?

쏘스폴의 책임자를 만나는 날이 되었고, 그 직원과 함께 책임자를 만나러 사무실로 갔다. 앉자마자 상황을 설명했다. 아직 사정이 안 돼 조건을 못 채우고 있지만 우리는 꼭 정부의 정식 인가를 받는 학교가 되리라고 짧게 설명했다. 그러자 책임자가 한마디했다. 우리 쏘스폴은 외국인들 안전을 관리하는 곳이지 학교 문을 열고 닫을 권리를 가진 곳이 아니라는 것이다. 10여 분 만에 승부가 났다. 몇 년을 괴롭히던 세상의 견고한 진이 여리고성 무너지듯 무너졌다. 자기들 소관이 아니라는 것이다. 부하 체면도 있었을 텐데…….

하나님이 하신 일이다. 말씀으로 마음을 지켰더니 견고한 진이 들어오지 못했다. 견고한 진은 두려워하게 하고 근심하게 하고 포기하게 할 텐데, 말씀으로 마음의 견고한 진을 깨뜨리고 담대함으로 나아갔더니 하나님의 일을 방해하는 세상의 견고한 진을 통쾌하게 무너뜨릴 수 있었다. 그 쏘스폴 대표 책임자는 기독교인이었다.

이 신학교에 대해 한 가지 더 말하고 싶다. 아직도 부족하지만 땅도 사고 건물도 지을 계획을 가졌다. 그런데 땅을 사려는데 거의 성사되었다가 안 되는 일이 있었고, 어떤 경우는 계약금까지 지불했는데 계약금도 돌려받지 못하고 성사가 안 되는 경우도 생겼다. 그러자 지도부에 있는 다수의 사람들에게서 신학교 사역을 접어야 하는 것 아니냐 이야기가 나오고, 여러 차례 회의를 하게 되었다. 문을 닫아야 하는 이유는 다음과 같았다.

첫째, 여러 어려움이 있는데 멈추라는 하나님의 신호 아닌가? 둘째, 말랑에 신학교 본교가 있는데 살라띠가 신학교의 역사가 오래되면 두 기관에서 배출된 지도자들이 자연스럽게 서로 모르는 사이가 되고, 문제가 있을 때마다 사사건건 분열을 일으킬 것 아닌가? 셋째, 비용 절감 차원에서 그만 접어야 하는 것 아닌가?

마지막 회의에서 나에게 발언할 기회가 주어졌다. 나는 이렇게 말했다. "신학교를 세우고 정식 학교로 인가받기까지 열 가지 일을 해야 한다고 가정해 보자. 볼 수 있는 게 아니기에 정확히는 모르지만, 우리가 이미 지나온 길을 8이라고 보자. 기숙사가 좁아 학생들이 칼잠을 잔 일, 이곳저곳 이사하며 떠돌던 일, 찬송 소리 등이 시끄럽다고 주위에서 구박받던 일, 그래도 초기 멤버라는 자부심으로 참고 따라와 준 신학생들과 교수들, 우리는 이미 많은 일을 해왔다. 8을 지나고 이제 겨우 2가 남았는데 조금 어렵다고 여기서 포기할 수는 없다."

이때도 하나님의 말씀으로 내 마음을 채웠고, 그 말씀이 내 마음을 지키셨다. 그 마음으로 담대하게 나아가게 하시고 발언하게 하셨다. 그로 인해 상황 때문에 의심하고 두려워하며 일어나지도 않은 일로 걱정하는, 하나님의 일을 멈추게 하는 견고한 진을 파할 수 있었다. 지금 그 신학교는 정식 허가를 받은 신학교로서 작지만 아름다운 캠퍼스가 있으며, 후배 선교사가 잘 운용하고 있다.

우리는 우리의 마음을 하나님이 뜻을 두기 좋은 장소로 만들어야 한다. 하나님이 일하기 좋은 곳으로 만들어야 한다. 우리의 마음을 하나님의 성품으로 채우고 말씀으로 채워, 견고한 진이 구축되지 않도록 만들어야 한다. 담대함과 확신을 가지고 세상에 나가 하나님의 일을 이루고, 하나님 나라를 확장하기 위해 견고한 진들을 깨뜨려야 한다. 그 모든 시작점은 우리의 마음이다. 이 마음을 잘 지켜야 한다. 무엇보다 지켜야 할 것이 우리의 마음이다. 그리스도의 인격, 성품, 말씀으로 마음을 계속에서 채우는 작업이 필요하다. 그런 사람은 너끈히 세상을 이기는 신앙적 기술자다.

5. 비천한 오늘을 놀라운 날로

*

금 곧 많은 순금보다 더 사모할 것이며 꿀과 송이꿀보다 더 달도다(시 19:10).

나의 반석이시요 나의 구속자이신 여호와여 내 입의 말과 마음의 묵상이 주님 앞에 열납되기를 원하나이다(시 19:14).

다윗이 사울에게 말하되 그로 말미암아 사람이 낙담하지 말 것이라 주의 종이 가서 저 블레셋 사람과 싸우리이다 하니 사울이 다윗에게 이르되 네가 가서 저 블레셋 사람과 싸울 수 없으리니 너는 소년이요 그는 어려서부터 용사임이니라 다윗이 사울에게 말하되 주의 종이 아버지의 양을 지킬 때에 사자나 곰이 와서 양 떼에서 새끼를 물어 가면 내가 따라가서 그것을 치고 그 입에서 새끼를 건져내었고 그것이 일어나 나를 해하고자 하면 내가 그 수염을 잡고 그것을 쳐죽였나이다 주의 종이 사자와 곰도 쳤은즉 살아 계시는 하나님의 군대를 모욕한 이 할례 받지 않은 블레셋 사람이리이까 그가 그 짐승의 하나와 같이 되리이다 또 다윗이 이르되 여호와께서 나를 사자의 발톱과 곰의 발톱에서 건져내셨은즉 나를 이 블레셋 사람의 손에서도 건져내시리이다 사울이 다윗에게 이르되 가라 여호와께서 너와 함께 계시기를 원하노라(삼상 17:32~37).

재미있는 이야기를 해보려고 한다. 다음에 나오는 '나'는 우리 모두일 수 있다.

오늘 나는 너무 어렵다. 힘도 없다. 명예도 없다. 돈도 없다. 눈물과 한숨뿐이다. 그래서 나는 죽을힘을 다해 하나님께 기도했다.

"주님, 도와주세요. 배가 고파요. 그래도 뭔가 좀 있어야 살 용기라도 나오고 소망이라도 있을 텐데 없어도 너무 없습니다."

그때 주님이 정말 나의 기도를 들으셨다. 그리고 나에게 찾아와 말씀하셨다.

"너무 힘들구나. 내가 보기에도 그렇게 보인다. 나의 전능함을 알고 붙들고 기도하는 네 모습이 내 마음을 두드렸단다. 오늘 네가 기도했으니 내가 내일 상상도 못할 많은 것으로 채워주마."

그런데 주님이 한 가지 물어볼 것이 있다고 하셨다.

"내가 내일 상상도 못할 정도로 채워주면, 너는 그것을 가지고 모레 무엇을 하려느냐?"

나는 당당하게 하나님께 대답했다.

"하나님, 당연히 주를 위해 헌신하며 주를 위해 쓰겠습니다. 물론 저를 위해 조금은 써야 하겠지만, 지금까지 없이도 살았는데 그게 얼마나 되겠습니까? 대부분을, 아니 전부라 할 정도로 주를 위해 쓰겠습니다."

나는 너무 당연한 대답을 용기 있게 하나님께 드렸다. 그랬더니 주님이 다시 정색을 하고 나에게 물으셨다.

"네가 오늘 너무 가난하구나. 그래서 내가 내일 너에게 복을 쏟아 부어주겠다. 그런데 내가 내일 너에게 쏟아 부어주면 나를 위해 전적으로 드리겠다고 했는데, 그 증거가 무엇이냐?"

나는 잠시 당황했다. 내일 주시면 모레 주를 위해 드린다는 증거를 요구하시는 것이었다. 내가 당황한 이유는 무슨 증거를 드려야 할지 난감했기 때문이다. 전에 무엇인가 있어본 적이 없으니 '전에 이랬잖아요'라고 말할 수도 없었다. 내가 내일 주면 너는 이제 모레부터 증거를 만들어 가라 하실 줄 알았는데, 이미 있는 증거를 내놓으라니 내놓을 증거가 없었던 것이다.

그래서 주님께 말씀드렸다.

"증거요? 글쎄요……. 그런데 하나님, 일단 줘보세요. 줘보셔야 제가 이제부터 무엇인가를 증명하게 될 것 아닌가요?"

하나님이 내게 다시 말씀하셨다.

"아니다. 내가 준 후에 네가 그것을 증명하는 것이 아니란다. 아무것도 없는 지금의 너일지라도 너는 이미 증거를 가지고 있단다."

내가 다시 여쭈어 보았다.

"주신 후에 주신 것을 가지고 증거를 만들어 드리면 안 될까요?"

주님이 말씀하신다.

“그렇게 말한 사람들이 많았는데 그들이 다 공수표 날리는 경우를 많이 보았단다.”

너는 나를 사랑하느냐고 주님이 물으실 때 베드로가 대답하기 참 곤란했던 것처럼 너무 당황스러웠다.

“주신 것을 가지고 증명하려 했는데요. 그것이 아니고 주시기도 전에 증거가 있다면 그 증거라는 것이 무엇인지요?”

주님이 말씀하셨다.

“내가 내일 주면 모레 증거를 만드는 게 아니라, 너는 ‘모레 멋지게 하나님을 위해 헌신하겠습니다’라는 증거를 이미 가지고 있다. 그것은 바로 ‘오늘’이란다!”

나는 놀라 하나님께 반문했다.

“오늘이라고요?”

오늘 아무것도 가지지 못하여 불평불만을 늘어놓는 사람은 내일 많은 것을 가지고도 불평할 가능성이 높다. 아무것도 없으니 오늘 아무것도 드리지 못하는 것이 당연하다거나, 없다고 불평하는 사람이 어찌 내일 모레 풍성하다고 하나님께 드릴 수 있겠는가? 이것이 하나님의 생각이다.

“내일 주시면 모레 주를 위해 다 드리겠습니다.”

내 고백이 옳은지 옳지 않은지는 모레가 되어 봐야 아는 것이 아니라, 오늘을 보면 알 수 있다. 오늘이 모레를 증명한다. 하나님 보시기에는 아무것도 없지만 주님만으로, 주님과의 깊은 교제만으로 기뻐하고 헌신하는 오늘의 삶이 증거이다. 내일 복을 받으면 하나님을 위해 온전히 드리겠다는 모례 삶의 증거인 것이다.

오늘 아무것도 없지만 주님과의 관계가 깊고, 주님만을 신뢰하며 기뻐하고 소망으로 살던 사람은 '내일 주님이 무한한 복을 쏟아 부어주시면 모레 주를 위해 더 드리겠습니다'라고 고백한 대로 살 것을 우리는 안다. 그가 모레 그렇게 한다는 증거는 오늘의 충실한 성경적 삶이다. 없으면서도 그렇게 오늘을 사는 사람은 주님이 내일 주시면 모레 더욱 충성할 사람이다.

목회를 하다 보면 많은 경험을 한다. 어떤 사람은 오늘 힘드니까 기도에 매달리고, 어떤 사람은 너무 없으니까 기도할 힘도 없다면서 기도를 게을리 한다. 그렇게 기도해서 응답을 받자 하나님을 멀리하는 사람이 있는가 하면, 응답을 받고 뭔가 좀 생겼을 때 정말 하나님께 잘 드리는 사람이 있다.

물질의 문제가 있어서 하나님께 물질을 구하지만, 그의 중심에는 물질이 중심이 아니라 하나님이 중심이며, 하나님의 말씀이 중심인 사람의 문제다. 없으니까 물질을 구하지만 그가 진정으로 구하는 것은 하나님이며, 하나님의 영광인 것이다. 그는 없을 때도 헌신한 사람이다. 응답으로 많은 복을 받아서 드리는 사람이 아니라 애초부터 드리는 사람이다. 철저히 하나님 중심으로 사는 사람이다. 오늘 없어도 기뻐하고 소망하고 기도하며 사는 사람이다.

보통 사람들은 오늘은 없으니 영광과 무관한 삶이고, 내일 무엇인가 생기면 그것으로 하나님께 영광 돌리는 삶을 살겠다고 한다. 그러나 신실한 하나님의 사람은 '오늘 없으니 무엇을 할 수 있을까? 아무것도 할 수 없다'라고 하지 않는다. 오늘이 그날인 것이다. 그런 사람은 오늘 없을지라도 주님과 교제하며 영광을 돌리고 찬송한다. 그런 사람은 없고 약해도 오늘을 하나님과 동행하는 위대한 날로 만드는 기술자이다.

하나님이 복을 주시면 내일과 모레를 놀라운 날로 만드는 것이 아니라, 없는 오늘을 주님과 함께 위대한 날로 만들 수 있다. 위대한 날인지 아닌지는 무엇인가 있고 없고가 아니다. 아무것도 없어도 주님과 함께하는 오늘이 위대한 날이다. 성경에 나오는 승리한 사람들은 무엇인가 있게 된 다음, 내일, 모레를 위대한 날로 만든 것이 아니라 오늘 주님과 함께함으로써 오늘을 위대한 날로 만들었다. 그들은 날마다 그러했다. 무엇인가 소유한 뒤에 비로소 하나님께 영광을 돌린 게 아니라, 아무것도 없는 오늘부터 하나님께 영광을 돌리며 산 것이다. 그렇기 때문에 그들에게는 오늘이 위대한 날이었다. 매일 그렇게 살면서 복을 받아 더 드리는 내일과 모레를 연 것이다.

여기서 다윗과 아나니아를 깊이 생각해 보자. 베드로전서 1장 첫머리는 흩어진 유대인들을 언급한다. 그들을 나그네라고 칭한다. 흩어지면 나그네가 된다. 왠지 외롭고 쓸쓸하고 처지가 좋아 보이지 않는다. 흩어진 유대인들은 나그네다. 그러나 성경은 그들이 나그네이지만 선택받은 나그네라고 판단한다. 나그네이나 선택받은 나그네.

다윗의 직업은 목동이다. 그러나 성경은 그를 세상적인 눈으로 목동이라 하지 않는다. 목동이나 말씀을 사모하고 깊이 묵상하는 목동이다. 말씀을 금보다 더 사모할 것이며, 꿀과 송이꿀보다 달다고 고백하면서 사모하고 묵상했다. 그 묵상이 하나님께 상달되기를 간절히 간구했다. 다윗은 그냥 목동이 아니라, 자신과 양의 관계처럼 목자 되신 하나님과 자신의 관계를 목동이라는 직업을 통해 깊이 묵상하는 목동이다.

"여호와는 나의 목자시니 내게 부족함이 없으리로다."

그는 말씀을 통해 자연을 묵상한다. 그 자연도 하나님이 지으신 바이며, 하나님이 하신 일과 하실 일을 나타내고 있음을 고백한다.

"그가 나를 푸른 풀밭에 누이시며 쉴 만한 물 가로 인도하시고…… 내가 사망의 음침한 골짜기로 다닐지라도 해를 두려워하지 않을 것은 주께서 나와 함께 하심이라."

그는 말씀을 묵상하며 이스라엘을 향한 하나님의 마음을 이해하고 기대했고, 이스라엘을 향한 하나님의 비전을 자신의 비전으로 삼는다. 목동이었지만, 깊은 묵상과 하나님과의 관계가 그의 능력이 되어 사자나 곰이 와도 두려워하지 않고 그 수염을 잡아 쳐 죽일 능력을 지녔다. 목동이었지만, 목동이라는 직업을 통해 자신이 누구인지를 인식한 게 아니라 하나님 안에서 자신이 누구인지를 인식했다.

비천한 목동이었다는 것 외에 다윗은 정말 대단한 사람이었다. 비전의 사람, 능력의 사람, 묵상의 사람이었다. 근거도 없는 자신감으로 교만하거나, 세상적인 긍정적 사고방식으로 기고만장하지 않았다. 자신이 보고 싶은 대로 자신을 보지 않고 말씀 묵상을 통해 하나님이 보시는 대로 정확하게 자신을 보는 목동이었다.

다윗은 내일 무엇이 주어진다면, 내일 장군이 되고 왕이 된다면 그때 가서 비전의 사람이 되고 헌신의 사람이 된다는 사고를 하지 않았다. 오늘 비천한 자리에서도 얼마든지 하나님과 교제하며 가까이 나아가 힘을 얻어 승리할 수 있다는 확신의 사람이었다. 그는 남들이 비천하다고 말하는 오늘일지라도 그 오늘을 위대한 날로 만들어간 영적 기술자다. 그렇게 하루하루를 위대한 날로 만들어 갔던 것이다. 목동일 때도 그랬고, 장군이 되었을 때도 그랬고, 왕이 되어서도 그랬다.

목동이란 비천한 직업이다. 이 견고한 진에 갇혀서 비전도 가지지 못하고, 하나님과의 깊은 교제도 가지지 못하고, 그저 땅을 치며 불평만 하다가 인생을 망치는 사람들이 얼마나 많은가! 그의 직업이 비천하기에 오히려 더 주님께 간구했고, 더 주님을 구하는 계기가 되었다.

없는 오늘, 비천한 오늘을 하나님과 동행하며 위대한 날로 만들었고, 날마다 하나님과 위대한 날을 만들어간 다윗이었다. 골리앗을 이긴 날도 사람들은 초유의 사태라느니 불가능한 일이 일어났다느니 난리법석을 떨었지만, 다윗에게는 날마다 그런 삶의 연속이었다. 장비가 좋아야만, 어느 정도 키가 커야만, 어느 정도 경험이 있어야만, 여러 가지 조건들이 갖추어져야만 비로소 골리앗의 상대가 된다는 형들과 사울 왕의 말은 세상 사람들이 가진 견고한 진이다. 그러나 다윗은 안다. 목동인 자신을 하나님이 얼마나 사랑하시는지, 그분의 능력은 어떠한지, 그분은 그 능력으로 사랑하는 나에게 무엇을 하실지 다윗은 이미 알고 있었다. 없지만 작지만 연약하지만, 그는 깊은 관계를 갖고 있는 하나님과 그분의 말씀으로 나아가 승리하였다.

다윗에게 오늘은 특별한 날이 아니었다. 하나님과 함께하면 언제라도 승리한다는 것을 증명한 날일 뿐이다.

'나는 목동일 뿐이야'라는 견고한 진을 날마다 말씀으로 무너뜨리고, 날마다 하나님을 경험한 다윗은 어느 날 골리앗이라는 견고한 진을 통쾌하게 무너뜨렸다. 하나님의 말씀의 능력과 그 말씀으로 갖는 하나님과의 깊은 교제는 세상의 어떠한 견고한 진도 깨뜨린다. 이것이 우리가 갖고 있는 확신이며 능력이다.

이번에는 아나니아를 생각해 보자. 사도행전 9장에서 바울은 공문을 가지고 다메섹으로 향한다. 다메섹의 교인들을 색출하고 체포해서 예루살렘으로 데려감으로써 다메섹의 교회를 훼파하기 위함이었다. 다메섹으로 가는 도중 한 개인은 물론 세계사적으로도 획기적인 사건이 일어난다. 바로 바울의 회심 사건이다. 바울은 회심 전 교회에 엄청나게 부정적인 영향을 끼쳤다. 그러나 회심 이후 누구보다 열심히 세계에 복음을 전했고, 누구보다 더 많은 성경을 기록했다. 그가 세상에 끼친 영향은 이루 말할 수 없을 정도였고, 그 성경의 내용들은 세상을 바꾸고도 남을 만하다. 바울은 예수님의 가르침과 삶을 그대로 살고 전한 위대한 예수님의 제자였다.

바울은 길에서 예수님을 만나 빛 때문에 눈이 먼 채로 회심하였다. 그 후에 사람들의 손에 어느 집으로 이끌려가서 머물며 기도하고 있었다. 거기서 눈을 뜨게 된다. 바울은 몸이 회복되자마자 복음을 뜨겁게 전한다. 그런데 핍박이 심해서 견디지 못하고 도움을 받아 다메섹을 떠나지 않으면 안 되었다.

여기서 생각해 보고 싶은 문제가 있다. 바로 다메섹이라는 도시다. 바울이 회심하자마자 복음을 전했는데, 예상을 뒤엎고 엄청난 핍박이 돌아왔다. 바울은 그 도시를 떠날 수밖에 없었다. 다메섹은 복음을 전하기에 대단히 힘든 도시라는 것이다.

그 다메섹에 아나니아가 살고 있었다. 복음을 전하려고 다른 곳에서 건너왔는지, 유대인이지만 그곳이 고향이었는지 확실치 않다. 다만 아나니아에 대해 주목해 보고 싶은 것은 아나니아가 제자였다는 사실이다.

목회자에게 가장 큰 어려움은 부족한 물질도 아니고, 사람들의 비난도 아니다. 어떤 상황 때문에 설교를 못하는 것이다. 이런 이야기를 아나니아에게 적용한다면 그에게 가장 어려운 점은 제자임에도 제대로 복음을 전할 수 없었다는 것이었다. 아나니아가 그곳에 있는 이유는 사업하며 먹고살려는 것이 아니라 복음을 전하려는 것이었다. 제자이기 때문이다. 제자로서 제자답게 살지 못하는 것이 얼마나 힘겹고 어려웠겠는가?

아나니아는 제자로서 복음을 전하는 사명으로 다메섹에 있다. 그럼에도 제자답게 복음을 전하기 어려운 상황에 놓여 있다. 복음을 전하는 사명이 있는 사람이 복음을 전해 매일 한 사람이든 두 사람이든 돌아오면 얼마나 기쁘고 흥분되고 즐거울 것인가.

그러나 복음을 전했는데, 개종자가 하나도 없을 뿐 아니라, 핍박이 너무 심해 복음을 전할 수 없는 상황이라면 얼마나 난감하고 실망이 크겠는가.

선교지에서 늘 흥분되는 일만 일어나지는 않는다. 선교사에게는 여러 상황이 있다. 개종하는 사람들이 많이 생기기도 하고 병이 낫기도 하지만, 아무 일도 일어나지 않거나 아무 일도 할 수 없을 때가 있다. 선교사에게는 후원하는 교회나 교인들에게 선교편지로 하는 일을 알릴 필요가 있고, 기도를 부탁할 의무가 있다. 그런데 선교사에게 아무 일도 일어나지 않는다면 선교사는 선교편지에 쓸 거리가 없어진다. 이렇게 난감한 일이 없다. 그때 선교편지를 쓴다면 '먹고 잤다. 일했다. 그러나 아무런 결과가 없었다'가 전부이다. 한 달 후에 또 같은 내용을 써야 한다면 얼마나 곤혹스럽겠는가.

이렇게 핍박이 심하거나, 열심히 전도하고 사역을 해도 아무 결과가 없을 때 남는 것은 일상뿐이다. 먹고, 자고, 새벽 기도하고, 예배하고, 전도하고, 그리고 아무 일도 일어나지 않았고…….

직장인도 일상이 그렇다. 자고, 일어나고, 회사 가고, 같은 일을 하고, 집에 들어와 밥 먹고, 잔다. 이런 일상이 계속되면 '내가 무엇하고 있는 거지? 이게 무슨 의미가 있지?' 깊은 회의에 빠진다. 일상만 남을 때 할 말이 없고 지루해지고, 무엇보다 영적으로 무뎌진다.

이것이 아나니아에 대한 일반적인 평가라고 생각한다. 그런 도시에 살면서 복음을 전하기가 얼마나 어려웠을까. 지루한 일상만 남아 실망과 좌절의 시기를 지나지 않았을까? 이런 삶이 계속되면 그의 영성은 얼마나 무뎌져 있을까? 그런데 이런 평가가 완전히 반전된다.

하나님이 그에게 나타나신다. 바울이 유다의 집에 있으니 가서 그를 만나라고 하신다. 바울에게 주신 이방인 선교라는 사명과 그에게 따를 고난을 전하고, 세례를 주고, 성령 충만을 위해 기도해 주라고 말씀하신다.

아나니아는 바울이 다메섹 교회를 파괴하러 온다는 소식만 들었지 회심했다는 소식은 듣지 못했다. 바울이 다메섹에 오는 이유는 믿는 자들을 체포하려는 것인데, 도망가고 숨어야 될 순간에 제 발로 바울을 만나러 가라고 말씀하시니 당황했을 것이다. 거기다가 지루한 일상만 남았기에 영적으로 몹시 무뎌져 있었을 것이다. 영적으로 무뎌진 사람의 특징이 있다. 미루기, 연기하기, 거부하기, 변명하기이다.

그래서 당연히 아나니아도 그러리라 생각하게 된다. 그런데 아나니아는 우리의 생각과 달랐다. 순종에는 특징이 있는데, 즉각 온전히 순종하는 것이다. 아나니아는 하나님이 말씀하시자 즉시 온전하게 순종했다. 그가 순종했다는 것은 예견과는 달리 그의 영성이 여전히 예민하고 민감한 상태였다는 것이다. 그의 영성은 오롯이 살아 있었다. 그 정도면 실망이 거듭되면서 영적으로 상당히 무뎌졌으리라 보는 게 일반적인데, 어떻게 아나니아는 즉각 온전히 순종할 만큼 영적으로 깨어 있었을까?

교인이 많지도 않았다. 교제권도 없었을 가능성이 있다. 전도도 못하고 집에서 숨죽이며 살았을 가능성이 있다. 전도할 기회도 없었다. 할 수 있는 것이 아무것도 없었다. 아무것도 없어도 한 가지만은 있었다. 바로 하나님의 말씀이다. 요즘 같이 코로나 사태로 억압되고 제한된 삶에서 할 것이 별로 없고 갈 곳도 마땅치 않았다고 보면 이해가 빠를 것이다. 놀고 즐길 거리에 제한을 받는 이런 때가 주님과 교제할 시간을 더 가질 수 있는 좋은 기회이다. 물질적으로 가진 게 없어도, 해외여행 등 즐길 만한 게 없어도 우리에게는 하나님의 말씀이 있다.

아나니아에게는 이와 같이 흥분된 일도, 교제도, 아무것도 없었다. 그래도 가지고 있는 하나님의 말씀을 날마다 먹고, 그 말씀의 주인공이신 하나님과 깊은 교제를 누렸다. 그것밖에는, 그런 상황 속에서 살아 있는 영성을 유지한 다른 이유를 찾을 수 없다.

이런 일상에서는 영성이 무뎌질 수밖에 없다는 견고한 진을 파한 좋은 사례가 아나니아다. 아나니아는 그런 상황과 핍박이 지나가면 내일, 모레 주님을 더 잘 섬기겠다가 아니라, 아무것도 없고, 아무것도 할 수 없고, 아무 일도 일어나지 않는 오늘을 말씀으로 하나님과 깊이 교제하는 시간으로 삼았다. 그는 지루할 것 같고 영적으로 무뎌질 것 같은 오늘을 위대한 날로 만들어간 기술자였다.

바울은 다메섹 도상에서 한 편의 드라마처럼 회심한다. 혹시 영적으로 식지 않은 아나니아의 뜨거운 기도 응답은 아니었을까? 바울이 세계를 돌고 성경을 쓰고 세상을 바꾸었다면, 그 배후에 아나니아의 기도가 있지 않았을까? 오늘이라는 힘들고 어려운 상황에서도 아나니아에게는 말씀을 통한 하나님과의 깊은 교제가 식지 않았다. 오늘도 그는 말씀과 기도의 사람이고, 내일과 모레는 더욱 헌신하는 하나님의 사람이었다. 그는 바울이라는 견고한 진을 깨뜨린 사람이고, 바울을 통해 세상의 견고한 진들을 무너뜨린 사람이다.

다윗과 아나니아는 힘들고 어려운 오늘을 지나 내일, 모레 주님이 더 나은 날을 주시면 헌신하겠다며 그날을 기다리겠다고 하지 않는다. 바로 오늘, 어렵고 힘들어도 주님과 말씀을 깊이 묵상함으로써 깊은 교제를 가지며 오늘을 위대한 날로 만든 기술자들이었다. 그렇게 하루하루를 위대한 날로 만들어간 위대한 기술자들이었다. 그리하여 다윗은 골리앗을 이기고, 아나니아는 즉시 온전히 순종했던 것이다.

'오늘은 어려우니 주를 위해 무엇을 할 수 있을까'라는 견고한 진을 다윗과 아나니아를 보면서, 말씀을 통한 교제를 통해 파하고 승리해야 한다. 날마다 그런 삶을 살아야 한다. 어느 날 나도 모르게 엄청난 주의 일에 동참할 수 있다. 주님은 그런 날을 기다렸다가 주신다. 우리도 골리앗을 이길 수 있다. 즉각적이고 온전한 순종을 통해 쓰임 받을 수 있다.

6. 평범한 사건을 위대한 사건으로

*

내일 이맘때에 내가 베냐민 땅에서 한 사람을 네게로 보내리니
너는 그에게 기름을 부어 내 백성 이스라엘의 지도자로 삼으라
그가 내 백성을 블레셋 사람들의 손에서 구원하리라 내 백성의
부르짖음이 내게 상달되었으므로 내가 그들을 돌보았노라
하셨더니 사무엘이 사울을 볼 때에 여호와께서 그에게
이르시되 보라 이는 내가 네게 말한 사람이니 이가 내 백성을
다스리리라 하시니라(삼상 9:16~17).

우리가 알거니와 하나님을 사랑하는 자 곧 그의 뜻대로
부르심을 입은 자들에게는 모든 것이 합력하여 선을
이루느니라(롬 8:28).

하나님은 살아 계시다. 그냥 앉아만 계시는 것이 아니라 일하신다는 말이다. 전능하신 그분이 일하시되 최선을 다하신다. 십자가 사건이 그렇다. 십자가는 인간을 위한 하나님의 최선이다. 자신의 목숨까지 주셨다. 성경은 하나님이 말씀하시면 말씀하신 대로 행하시고, 행하시면 말씀하신 대로 결과가 있다고 말씀한다.

*

하나님은 사람이 아니시니 거짓말을 하지 않으시고 인생이
아니시니 후회가 없으시도다 어찌 그 말씀하신 바를 행하지

않으시며 하신 말씀을 실행하지 않으시랴(민 23:19).

이는 내 생각이 너희의 생각과 다르며 내 길은 너희의 길과 다름이니라 여호와의 말씀이니라 이는 하늘이 땅보다 높음 같이 내 길은 너희의 길보다 높으며 내 생각은 너희의 생각보다 높음이니라 이는 비와 눈이 하늘로부터 내려서 그리로 되돌아가지 아니하고 땅을 적셔서 소출이 나게 하며 싹이 나게 하여 파종하는 자에게는 종자를 주며 먹는 자에게는 양식을 줌과 같이 내 입에서 나가는 말도 이와 같이 헛되이 내게로 되돌아오지 아니하고 나의 기뻐하는 뜻을 이루며 내가 보낸 일에 형통함이니라(사 55:8~11).

하나님이 말씀하시면 반드시 우리의 삶에 무엇인가 일어난다는 말이다. 즉 하나님이 말씀하시면 우리의 삶에 사건이 일어난다는 것이다. 적힌 그대로 있는 말씀이어서 적힌 가르침대로 지키느냐 아니냐의 문제일 뿐 아니라, 살아 있고, 능력 있는 말씀이기에 우리의 삶에 말씀에 합당한 일들이 일어나게 된다.

예수를 구주로 고백하면 구원받는다고 했다. 우리가 고백할 때 관념으로가 아니라 실제로 구원받는 것이다. 오늘 죽어도 나는 천국에 가는 것이다. 채우신다 하면 심정적으로만 평안이 있는 게 아니라 실제 삶에 채워지는 사건으로 나타난다. 기도하면 응답이 있다고 할 때 마음에 담대함만 생기는 게 아니라 실제로 응답이 되는 사건이 벌어진다. 살아 계시고 일하시는 하나님이시니 실제 사건으로 경험하게 되는 것이다.

하나님은 모르는 것이 없으시다. 못할 것이 없으시다. 우리의 삶에 주님이 하시지 않거나 주님이 허락하지 않은 사건은 일어날 수 없다. 우리 삶에 일어나는 모든 사건은 하나님의 사건이다. 하나님의 말씀이 실제가 된 사건이다. 하나님의 뜻을 알기 원할 때 아는 방법들이 있다고 한다. 더 많은 방법들과 개인적인 경험들이 있겠지만, 일반적으로 다음과 같다.

첫째, 하나님의 말씀, 둘째, 기도와 확신, 셋째, 하나님의 표징과 기적 등, 넷째, 나보다 영적으로 성숙한 사람들의 충고, 다섯째, 환경과 상황이다. 여기에서는 특별히 환경과 상황 문제를 다루겠다.

우리가 사는 환경과 상황 속에서 수많은 사건이 일어난다. 하나님이 이런 사업, 저런 사업의 문을 닫으셔서 결국 신학교에 들어가 목회자의 길을 간다든지, 반대로 여러 번 신학교에 낙방하여 사업을 했는데 너무 잘돼서 물질과 장로 직분을 가지고 교회와 목회자를 섬겼다는 간증들을 자주 듣는다. 그 상황에서 잘되든지 못되든지 어떤 사건을 만나 예기치 않게 어떤 길을 가게 하셨다는 간증들이다.

하나님의 말씀이 상황 속에서 구체적 사건으로 일어나 어떤 결정을 내리는 경험을 한다. 우리 앞에 일어난 그런 사건들을 '하나님의 장치'라고 한다. 보이지 않아도 하나님은 때마다 시마다 우리를 위한 장치를 마련하신다. 그 장치가 사람일 수도, 사건일 수도 있다. 우리는 절망 가운데에서도 하나님의 장치를 딛고 일어나 또 걸을 수 있다.

견고한 진이 있으면 어떤 상황에 짓눌리어 두려워하거나 근심에 쌓여 절망적인 고백을 하게 된다. 그만큼 상황은 어렵다. 아무 소망도 없을 때 견고한 진은 파도처럼 넘실거리며 우리의 마음과 고백을 유린한다. 그러나 하나님은 살아계시고 그때 말씀은 작동한다. 하나님이 일하시면 하나님이 하신 말씀은 우리 상황에서 어떤 사건으로 일어나 우리를 살린다. 바로 하나님이 설치해 놓으신 하나님의 장치다.

지난날들을 기억해 보자. 지금 생각해 보면 정말 죽을 수밖에 없는 상황이었는데 하나님이 사람을 보내셔서, 국가적 상황이 바뀌어서, 은행 법이 바뀌어서, 나에게 빚진 사람이 찾아와 갚아 주어서 등등의 사건으로 내가 일어나 살 수 있었던 사건들을…….

서울과 지방의 격차를 줄인다거나 서울에 몰린 수험생들을 지방으로 분산시키는 정책으로 대학을 많이 세운 때에 여러 학과가 미달이 되어 공부를 못한 사람이 대학에 들어가는 경우도 있다. 하나님이 하셨다고 고백하지 않을 수 없는 경우를 우리는 삶에서 경험한다. 그 사건으로 채워지고, 공급받고, 살고, 일어나던 경험 말이다.

세상의 눈으로 보면 피할 길은 전혀 없다. 세상과 견고한 진은 죽을 수밖에 없다고 고백하게 하지만, 비켜서서 신앙의 눈으로 보면 곳곳에 하나님의 장치가 있었기에 딛고 일어섰던 것이다.

정말 보기 싫은 사람이 있다. 나와도 관계가 있어 나를 괴롭힌다. 나는 정말 참을 수가 없었다. 하나님께 원망한다. 저런 사람만 없으면 내 신앙도 급속히 성장할 텐데 걸림돌이 되어 너무 괴롭고 신앙도 성장하지 않는다고 고백할 때가 있다. 그런데 더 깊이 생각해 보자. 하나님의 인사관리에는 빈틈이 없으시다. 왜 그런 사람을 왜 내 옆에 두실까? 그 사람은 하나님의 은혜다. 나를 위한 장치다. 그래서 그런 사람처럼 되지 말라고, 내 속에도 그 사람의 속성이 있다는 것을 알라고, 용서의 대상은 그런 사람이라고, 그 사람을 통해 용서하지 못할 사람 용서하기를 배우라고 나를 위해서 용서와 인내를 가르치는 선생님으로 내 옆에 배치해 놓으신 하나님의 장치다.

"하나님의 장치는 때마다, 곳곳마다 있다!" 이 고백으로 "세상에서 죽을 수밖에 없다. 죽고 싶다. 그럴 수밖에 없다"는 견고한 진을 깨뜨려 버릴 수 있다.

다니엘의 친구들이 들어간 풀무 불 속에 하나님의 장치가 있었다. 다니엘이 들어간 사자 굴에도 하나님의 장치가 있었다. 하나님의 장치는 믿는 이스라엘에만이 아니라 저 멀리 모압 땅의 여인 룻이 하나님의 장치가 되어 예수님의 족보를 이루고 있다. 라합은 여리고성에 하나님이 설치한 하나님의 장치다. 고관대작을 만났으면 이스라엘 정탐꾼들은 죽임을 당했을지도 모른다. 부족하고 갈급하고 여리고성에 있는 비천한 한 여자, 그 여자가 아니면 안 되는 바로 그 여자, 다른 사람이 아닌 바로 그 여자가 이스라엘을 위한 하나님의 장치다. 베드로가 갇혀 있는 감옥 속에도 하나님의 장치는 있었으며, 바울이 세계선교를 위해 유럽의 첫 선교지로 삼은 빌립보에는 루디아가, 그가 갇힌 감옥에는 간수가 하나님의 장치로 준비되어 있었다. 감옥은 끝이 아니다. 거기에 예비된 하나님의 장치로 세계선교라는 새로운 출발이 시작되는 곳이었다.

에스더를 보자. 하만은 왕에게 신임 받는 신하였다. 그는 모르드개와 그 나라에 퍼진 유대인들을 모두 죽이겠다는 계략을 꾸몄다. 어느 날 왕은 잠이 오지 않아 밤중에 신하를 시켜 궁중일기를 가져오게 하여 읽게 했다. 그가 읽은 부분은 모르드개에 관한 것이었다. 전에 문을 지키던 어떤 두 부하 내시가 왕을 죽이려는 작당을 하는 것을 우연히 모르드개가 엿들었고, 왕에게 보고하여 왕이 목숨을 구했다는 부분이었다. 그런데 그때 보상을 하지 못했던 것이다. 어떤 관직도 존귀도 베풀지 못했다. 왕은 자신의 계략을 허락받기 위해 밖에서 기다리던 하만을 불러 내가 존귀하게 대접하고 싶은 사람이 있는데 어떻게 하면 좋을지 묻는다. 하만은 자신밖에는 그럴 사람이 없다고 생각하고 자기에게 무슨 보상을 하려는가 싶어 제일 좋은 방법을 알려주었다. 화려한 왕의 옷을 입히고 근사한 왕의 말을 타고 멋진 왕관을 쓴 채 거리를 돌게 하여 존귀한 자는 왕이 이렇게 높인다는 것을 사람들에게 보이라고 귀띔한다. 왕은 모르드개에게 그와 같이 했다. 잔치를 베푼 왕은 왕비 에스더에게 소원을 말하라 하였고 에스더는 유대인을 죽이려는 하만의 계략을 이야기한다. 결국 모르드개를 달아매려는 나무에 하만이 달려 죽고 유대인들은 구원을 받는다.

왜 그 밤에 왕은 잠이 오지 않았을까? 왜 하필 궁중일기를 가져오라고 했을까? 왜 하필 여러 사건 가운데 모르드개가 왕을 구한 사건을 읽게 했을까? 문학적으로 우연의 반복은 필연이라고 했던가. 하나님이 하신 일이다. 하나님의 사건이다. 모르드개와 에스더와 유대인이 구원을 받도록 하나님이 설치해 놓으신 장치이다. 눈에 직접 보이지는 않지만, 믿음으로 바라보면 하나님이 죽음을 앞둔 유대인들을 위해 예비하신 장치이다.

사울을 보자. 사울의 아버지 기스는 암나귀를 잃어버린다. 그는 사울에게 찾아오도록 명한다. 사울은 한 사환을 데리고 길을 떠난다. 두루 먼 길을 다니며 찾았지만 찾을 수가 없었다. 암나귀보다는 아버지가 자식 걱정하며 기다릴 것이 염려되어 돌아가려고 한다. 그때 사환이 말하기를 이곳이 아주 존경받는 선지자가 있는 곳이라 하고, 그를 만나면 갈 길을 알려줄 것이라고 제안한다. 사울은 그 제안을 받아들여 사무엘을 찾아가다가 물 길러 나오는 소녀들을 만난다. 소녀들은 사무엘이 오늘 제사를 드리려고 이 도시에 오셨다고 제보했다. 소녀들의 말 속에 "오늘 들어오셨나이다", "빨리 가소서", "지금 올라가소서"가 있는 것으로 보아 사무엘이 얼마나 바쁜 사람인가 엿볼 수 있다. 이곳저곳 떠돌아다니며 사역하다가 마침 오늘 오셨다. 빨리 가지 않으면 못 만난다는 의도가 있는 듯하다.

나귀를 잃은 것은 나쁜 일이다. 좋은 일일 리가 없다. 마음이 아프고 섭섭하다. 그런데 이 사건은 사무엘을 만나는 사건이 되었고, 사무엘을 만나는 사건은 사울이 기름 부음을 받고 왕이 되는 사건이 되었다. 나귀를 잃은 사건은 사울이 왕이 되는 사건을 위한 하나님의 장치다. 나쁜 일도 하나님의 손에 붙잡혀 선을 이루는 도구가 된다. 하나님의 쓰임 받는 도구와 장치가 된다.

소녀들을 보자. 사환의 말을 듣고 사울은 사무엘을 만나러 간다. 위에서 언급했듯이 사무엘은 바쁜 사람이다. 지금 만나지 못하면 또 언제 만날지 모른다. 그러기에 시간 싸움이다. 그때 사무엘을 목격한 소녀들을 만난다. 그들에게서 정확하게 사무엘이 어떤 일을 할지, 그 시간이 언제인지, 그곳이 어디인지 정보를 얻고 정확한 시간에 정확한 곳에서 사울은 사무엘을 만난다. 물 길러 온 소녀들은 정확한 시간에 사울이 사무엘을 만나게 돕는 하나님의 장치이다.

다윗에게 요나단은 하나님의 장치다. 왕위를 이을 자는 당연히 사울의 아들인 요나단이다. 요나단이 "다음 왕은 나다"

라고 우긴다면 다윗이 왕이 될 수 없었거나, 왕이 되려고 많은 피를 흘려야 했을지 모른다. 그런데 요나단이 "다음 왕은 너다"라고 선포한다. 요나단은 다윗이 왕이 되도록 하나님이 예비하고 설치해 놓으신 장치다.

다윗은 도망자 신세가 되어 블레셋 땅에 신세를 지고 있었다. 블레셋이 이스라엘과 싸우려 할 때 블레셋 편에 서려 했다가 블레셋 사람들의 의심으로 싸움에 참여하지 못하고 자기 삶의 터전인 시글락으로 돌아왔다. 돌아왔더니 아말렉 사람들이 쳐들어와서 부녀자와 자녀들을 사로잡아 갔고, 터전은 엉망이 되었다. 다윗은 자신에게 와 함께 기거하던 600인 중 피곤한 사람 200명을 빼고 400명으로 아말렉 사람들을 추격한다. 중간 길에서 다윗은 한 버려진 애굽인을 만난다. 먹을 것을 주고 기운을 회복시켜 준다. 그는 아말렉인의 종이었는데, 병이 들었다고 길에 버려졌다. 그런데 다윗을 만나 먹을 것을 얻고 기운을 회복한 것이다. 그는 아말렉인에게 버림받은 감정이 있었고, 누구보다 아말렉인들의 행로를 잘 알고 있었다. 그는 행로를 다윗에게 알려줌으로써 은혜를 갚았다. 그 병들어 버려진 애굽인은 다윗에게는 하나님의 장치였던 것이다. 왜 그는 아팠고, 왜 버림받았을까? 길에서 며칠을 얼마나 외롭게 지냈을까? 그 애굽인은 다윗이 아내들과 자녀들을 찾아오도록 쓰임 받은 하나님의 장치다. 다윗은 하나님의 장치를 통해 아말렉인들을 찾을 수 있었고 부녀자와 자녀들을 다시 무사히 데리고 올 수 있었다.

우리는 결과에 참 예민하다. 그래서 사업이 잘되다가 갑자기 기울어지면 예민해지기 시작한다. 믿음 있는 사람은 바로 금식하며 기도에 돌입한다. "주님 회복시켜 주십시오!"

그런데 우리는 이런 사건을 다시 한 번 하나님과의 인격적 교제 가운데서 해석해야 한다. 하나님이 능력이 없으셔서, 혹은 관심을 주시지 않던 순간이 있어서 이런 일이 벌어졌을까? 그렇지 않다. 기울자마자 기도하고 회복시켜 주신다면 하나님이 자신의 잘못을 인정하는 꼴이 된다. "아차, 내가 힘이 미흡해서 네가 기울었구나!" "내가 못 보는 동안 그런 일이 벌어졌네. 내가 못 봤네." 주님은 능력이 없는 분이 아니시다. 모르는 것이 없으시다. 내 사업이 기울어진 것은 주님이 능력이 없거나 다른 데를 보다가 나를 못 보셔서 일어난 사건이 아니다. 그렇다면 내 사업이 기울어진 이유는 딱 하나다. 그것은 바로 '이유가 있으셔서'다. 사업이 잘되어 내가 교만해졌을 수도 있다. 내 사업이 기운 것은 내 교만을 고치기 위한 하나님의 장치인 것이다. 그러므로 무엇인가 기울고 있을 때는 "기운 것을 바로 잡아주세요"가 아니라 "이유가 무엇입니까?" 물어야 한다. 그 이유가 하나님의 장치이다. 그래서 하나님이 그렇게 하신 것이다.

예를 들어보자. 입사시험을 치렀다. 시험을 너무 잘 치렀다고 생각했다. 함께 입사시험을 치른 사람들을 평가해 볼 때 내가 붙지 않을 수 없는 상황이다. 큰 기대를 가졌다. 그런데 보기 좋게 떨어졌다. 정말 지금까지 산 인생 중에 이만큼 좌절한 적이 없는 것 같다. 온 세상이 무너진 것 같았다. 그냥 놀 수는 없어서 다른 회사에도 입사원서를 내고 시험을 치렀다. 시덥잖아 보이는 회사에 입사했다. 시덥잖다고 생각했는데 떨어진 회사보다 사례도 좋았고 일하는 환경도 좋았다. 너무 만족했다. 게다가 입사시험에서 떨어졌던 회사가 부도가 났다는 소식을 들었다. 그 회사에 들어가지 않은 게 얼마나 다행인가. 그 회사에 가지 못한 사건은 하나님이 역사하신 사건이었고, 내 인생에 하나님이 설비해 놓으신 하나님의 장치였다.

왕이 잠이 안 올 수도 있다. 잠이 안 와서 책을 읽을 수도 있다. 나귀를 잃어버릴 수도 있다. 길거리에서 소녀들을 만날 수도 있다. 길에서 병든 자를 만나는 일은 언제나 일어날 수 있는 평범한 사건이다. 그런데 이런 사건이 하나님의 손에 붙들리고 하나님이 사용하시면 더 이상 평범한 사건이 아니라 하나님의 특별하고 위대한 사건이 된다. 이런 사건들을 통해 하나님의 사람들은 놀라운 경험을 하고, 죽다가도 살아나고, 빈손이 채워지고, 소망 없던 삶이 비전으로 채워지고, 하나님께 영광을 돌리는 삶이 되는 것이다.

작은 사건, 평범한 사건, 어디서나 일어날 수 있는 사건, 어떤 때는 전혀 쓸 수 없는 망가진 것들이나 병든 것들이 승리의 사건 속에 숨겨진 하나님의 장치가 될 수 있다. 내가, 내가 소유한 것들 그리고 내 앞에 있는 것들은 너무 작아서, 너무 쓸모없어서 소용이 없다고 절망하지 마라. 믿음의 눈으로 바라보자. 하나님은 말씀하시고 말씀대로 일하시고 하나님이 일하시면 그 말씀하신 말씀이 이루어질 것을 믿는 사람들은 확신하며 소망하게 된다. 모든 근원이 내가 아니라 하나님이라면 무에서 유를 만드시며 평범한 것을 특별한 것으로 만드는 분이 역전을 이루시고 이기게 하실 것을 믿는다. 전능하시며 모든 것을 아시는 하나님은 모든 것을 합하여 선을 이루게 하신다는 것을 우리는 믿는다. 우리 믿는 사람들은 곳곳마다 때마다 하나님이 장치를 설치해 이기게 하실 것을 믿는다. 결코 세상의 두려움과 근심에 싸여 좌절과 불평이라는 견고한 진에 갇히지 않고, 그것을 깨뜨리고 이기는 승리의 역사를 만들어 갈 것이다.

세상의 견고한 진을 깨고 이기는 사람은 세상의 일반적이고 작고 평범한 사건을 하나님의 눈으로 보고 거기서 특별한 하나님의 역사를 보는 사람이다. 그곳에서 하나님의 장치를 발견한다. 세상 사람들은 "죽으란 법은 없다"고 한다. 그러나 신앙인들은 "죽을 수가 없다"라고 해야 한다. 믿음의 눈으로 평범한 것에서 하나님의 장치를 발견하는 사람은 세상을 이기는 기술자가 된다.

7. 연약한 자신을 위대한 사람으로

*

여호와는 위대하시니 크게 찬양할 것이라 그의 위대하심을 측량하지 못하리로다(시 145:3).

내가 주께 감사하옴은 나를 지으심이 심히 기묘하심이라 주께서 하시는 일이 기이함을 내 영혼이 잘 아나이다 (시 139:14).

어떻게 우리 같이 연약한 자가 위대한 사람이 될 수 있을까? 하나님의 눈으로 자신을 보기 시작할 때다. 하나님의 눈으로 자신을 보는 자는 연약한 자신을 하나님의 위대한 사람으로 만드는 기술자다.

우리는 죄인이다. 자신을 잘 다스리지 않으면 그냥 죄로 빠지는 경향성이 있다. 성경은 우리가 죄로 타락했다고 말하는데, 조금 혹은 일부가 아니라 전적으로 타락했다고 말한다. 우리 안에 선한 것이 하나도 없고 선을 행할 수도 없다고 말한다. 연약하기 그지없다.

*

내 속 곧 내 육신에 선한 것이 거하지 아니하는 줄을 아노니 원함은 내게 있으나 선을 행하는 것은 없노라(롬 7:18).

오호라 나는 곤고한 사람이로다 이 사망의 몸에서 누가 나를 건져내랴(롬 7:24).

고아 출신이나 불우하게 자란 사람들에게 비전을 물으면 자기처럼 불쌍하게 자란 사람들을 위해 살고 싶다고들 한다. 그런데 말과는 달리 실제로는 범죄로 빠지는 경우가 있다고 한다. 말은 그렇게 하지만, 본성이 연약하여 자신이 한 말을 성취할 능력이 없는 것이다. 강한 척하지만, 옳게 살려고 노력하지만 그렇게 살기 어려울 정도로 사람은 연약하다.

일반적으로 계시는 일반계시와 특별계시로 나눈다. 일반계시는 모든 사람에게 주시는 하나님의 계시다. 자연 같은 것이다. 자연을 보면 하나님의 위대함을 알 수 있다. 특별계시는 특별한 사람들만 알 수 있는 계시다. 십자가가 그렇다. 구원은 예수님이라는 특별 계시를 통해 특별히 믿는 사람에게만 주어지는 특별하고 완벽한 하나님의 계시다.

이와 마찬가지로 은총에도 일반은총이 있고 특별은총이 있다. 일반은총은 누구에게나 주는 주님의 은혜다. 누구에게나 비를 주시고 햇빛을 주신다. 특별은총은 구원받은 하나님의 자녀에게만 주는 은혜다. 기도의 응답, 평안, 은사 같은 것이다.

사업은 일반은총에 해당한다고 생각한다. 기독교인만 돈을 잘 벌고 비기독교인은 돈을 못 벌어 굶어 죽는 것이 아니다. 하나님은 믿음과는 상관없이 경제 지식과 노력 등에 따라 믿든 안 믿든 기업이나 가게를 잘 운용해서 잘 먹고 잘살도록 해주신다.

그런데 그 일반은총의 대상인 사업을 하는 사람이 기도하기 시작하면, 하나님의 영광을 위해 하나님의 것이라고 드리면 이야기는 달라진다. 일반적으로 주시는 일반은총의 하나님이 그 부분에서, 그 현장에서 직접 일하시면 이야기는 완전히 달라진다는 것이다.

이와 마찬가지로 아무리 잘난 체해도 우리는 연약하기 그지없다. 세상을, 세상의 관계를 망가뜨려 온 주범이 바로 연약한 우리다. 그 주범들에 의해 이끌려 가는 이 세상에서 과학 기술은 발전해 가지만, 인간성이나 도덕성은 자꾸 망가진다. 그런 가운데 어떨 때는 교만으로, 어떨 때는 좌절과 실망으로 어쩔 줄 모르는 것이 사람이며 인생이다.

그러나 하나님의 눈으로 나를 바라보기 시작하면 이야기는 달라진다. 내 안에 살아 계신 하나님, 내 안에서 역사하시는 하나님을 바라보면 내가 다르게 보이기 시작한다. 무능하고 연약한 내가 더 이상 그저 그런 사람으로 보이지 않는다. 종이 한 장은 볼펜에 뚫리고 바늘에 뚫리고 만다. 그러나 종이를 판 위에 올리면 바늘도 볼펜도 뚫을 수가 없다. 이와 같이 우리는 무능하고 연약하지만, 우리 배후에서 역사하는 하나님이 계시는 한 더 이상 연약하지도 무능하지도 않다.

마르틴 루터가 가톨릭교회를 향해 성경의 정의와 기본을 외칠 때 사단이 기왓장만 한 숫자를 들이대며 루터의 죄를 지적하고 정죄했다. 그러나 루터는 "나는 약한 죄인이지만,

하나님이 나의 죄를 사하고 나를 정죄하지 않겠다고 하셨다" 라고 담대히 고백하며 나아가 승리했다.

사단은 자꾸 우리의 귀에 대고 속삭인다. "너는 아무것도 아니다." "너는 죄인일 뿐이다." "네가 할 수 있는 건 아무것도 없다." 세상의 견고한 진은 우리가 여기에 동조하게 하고 아무것도 할 수 없게 만든다. 사단은 무기력함, 무능함, 연약함에 더해 자꾸 스스로 정죄하도록 조장하고 우리를 묶어 버리려 한다. 그것이 나에 대한 견고한 진이다.

하지만 성경은 다르게 이야기한다. 하나님은 우리를 신묘막측하게 지으시고 해와 달과 별을 선물로 주셨다고 한다. 자신을 세상의 눈이 아니라 성경의 눈으로 보고, 연약하지만 그 속에서 일하시는 하나님 때문에 신묘막측한 피조물로 자신을 보는 자가 견고한 진을 파하고 세상을 이기는 기술자다. 이런 사람은 하나님께 크게 쓰임 받는 능력자이다.

기드온은 300명으로 적군을 이긴 용사였다. 아브라함은 4개국 연합군을 318명으로 이기고 롯의 가족들을 구출해 돌아왔다. 요나단은 무기를 든 소년과 함께 블레셋 진영에 들어갔고 그 앞에서 블레셋 사람들이 엎드러지고 무기를 든 자가 따라가며 블레셋 사람들을 죽였다. 블레셋 진영에 진동과 큰 떨림이 있었고 블레셋 사람들이 무너져 이리저리 흩어졌다. 히스기야는 여호와를 의지하는 왕이었고, 왕 중에 그런 왕이 없을 정도로 믿음의 왕이었다. 하나님께 연합하여 그분을 떠나지 않고 계명을 지켰다. 하나님께서는 그가 어디로 가든지 형통하게 하셨다. 앗수르 왕 산헤립이 기세등등하게 나라들을 점령하며 이스라엘에도 조공과 항복을 요구했다. 앗수르 왕이 골리앗 때와 같이 랍사게라는 장군을 보내어 온갖 말로 협박을 하고 하나님의 이름을 망령되이 일컫는 사건이 벌어졌다. 히스기야는 앗수르 왕이 보낸 편지를 가지고 성전에 들어가서 기도하기 시작한다. 연약하지만 그대로 패배를 인정하고 기다릴 수만은 없었다. 연약하기에 기도하며 하나님을 의지하는 것 외에는 할 수 있는 일이 없었다.

*

여호와여 눈을 떠서 보시옵소서 산헤립이 살아 계신 하나님을
비방하러 보낸 말을 들으시옵소서 여호와여 앗수르 여러
왕이 과연 여러 민족과 그들의 땅을 황폐하게 하고 또
그들의 신들을 불에 던졌사오니 이는 그들이 신이 아니요
사람의 손으로 만든 것 곧 나무와 돌 뿐이므로 멸하였나이다
우리 하나님 여호와여 원하건대 이제 우리를 그의 손에서
구원하옵소서 그리하시면 천하만국이 주 여호와가 홀로
하나님이신 줄 알리이다 하니라(왕하 19:16~19).

그러므로 여호와께서 앗수르 왕을 가리켜 이르시기를 그가 이
성에 이르지 못하며 이리로 화살을 쏘지 못하며 방패를 성을
향하여 세우지 못하며 치려고 토성을 쌓지도 못하고 오던 길로

돌아가고 이 성에 이르지 못하리라 하셨으니 이는 여호와의
말씀이시라 내가 나와 나의 종 다윗을 위하여 이 성을
보호하여 구원하리라 하셨나이다 하였더라(왕하 19:32~34).

하나님은 히스기야의 기도에 응답하셨다.

*

이 밤에 여호와의 사자가 나와서 앗수르 진영에서 군사 십팔만
오천 명을 친지라 아침에 일찍이 일어나 보니 다 송장이
되었더라(왕하 19:35).

히스기야는 산헤립을, 랍사게를 두려워할 수밖에 없는 연약한 존재다. 그렇기에 하나님께 의지할 수밖에 없었다. 하나님 앞에 연약한 자로 엎드렸다. 그는 약했지만 하나님은 강하셨다. 아침에 일어나 보니 18만 5천 명이 송장이 되어 있었다. 히스기야는 칼 한 번 사용하지 않았다. 여호와의 사자가 밤새 일하였다. 그 밤은 여호와의 밤이었다.

과연 히스기야는 연약한 존재였을까? 그는 승리의 기술자다. 세상의 견고한 진은 숫자를 보게 하고 군비가 승리와 패배의 기준이 되게 한다. 하나님의 눈으로 자신을 보는 자는 하나님께 의지하고, 하나님의 힘을 의지하고, 하나님의 도움으로 승리할 수밖에 없는 것이다. 히스기야는 더 이상 연약자로 불리지 않았다.

모압, 암몬, 마온 사람들이 연합하여 여호사밧 왕을 치고자 했다. 여호사밧도 히스기야처럼 기도하는 것 외에는 방법이 없었다.

*

여호사밧이 두려워하여 여호와께로 낯을 향하여 간구하고
온 유다 백성에게 금식하라 공포하매 유다 사람이 여호와께
도우심을 구하려 하여 유다 모든 성읍에서 모여와서 여호와께
간구하더라(대하 20:3, 4).

여호사밧이 기도하기 시작했다.

*

이르되 우리 조상들의 하나님 여호와여 주는 하늘에서
하나님이 아니시니이까 이방 사람들의 모든 나라를 다스리지
아니하시나이까 주의 손에 권세와 능력이 있사오니 능히
주와 맞설 사람이 없나이다 우리 하나님이시여 전에 이 땅
주민을 주의 백성 이스라엘 앞에서 쫓아내시고 그 땅을 주께서
사랑하시는 아브라함의 자손에게 영원히 주지 아니하셨나이까
그들이 이 땅에 살면서 주의 이름을 위하여 한 성소를 주를
위해 건축하고 이르기를 만일 재앙이나 난리나 견책이나
전염병이나 기근이 우리에게 임하면 주의 이름이 이 성전에
있으니 우리가 이 성전 앞과 주 앞에 서서 이 환난 가운데에서

주께 부르짖은즉 들으시고 구원하시리라 하였나이다 옛적에 이스라엘이 애굽 땅에서 나올 때에 암몬 자손과 모압 자손과 세일 산 사람들을 침노하기를 주께서 용납하지 아니하시므로 이에 돌이켜 그들을 떠나고 멸하지 아니하였거늘 이제 그들이 우리에게 갚는 것을 보옵소서 그들이 와서 주께서 우리에게 주신 주의 기업에서 우리를 쫓아내고자 하나이다 우리 하나님이여 그들을 징벌하지 아니하시나이까 우리를 치러 오는 이 큰 무리를 우리가 대적할 능력이 없고 어떻게 할 줄도 알지 못하옵고 오직 주만 바라보나이다(대하 20:6~12).

야하시엘도 여호와의 영이 임하여 다음과 같이 선포한다.

*

야하시엘이 이르되 온 유다와 예루살렘 주민과 여호사밧 왕이여 들을지어다 여호와께서 이같이 너희에게 말씀하시기를 너희는 이 큰 무리로 말미암아 두려워하거나 놀라지 말라 이 전쟁은 너희에게 속한 것이 아니요 하나님께 속한 것이니라 내일 너희는 그들에게로 내려가라 그들이 시스 고개로 올라올 때에 너희가 골짜기 어귀 여루엘 들 앞에서 그들을 만나려니와 이 전쟁에는 너희가 싸울 것이 없나니 대열을 이루고 서서 너희와 함께 한 여호와가 구원하는 것을 보라 유다와 예루살렘아 너희는 두려워하지 말며 놀라지 말고 내일 그들을 맞서 나가라 여호와가 너희와 함께 하리라 하셨느니라 하매(대하 20:15~17).

그핫 자손과 고라 자손들은 큰 소리로 여호와를 찬송했다. 하나님의 복병이 그들을 쳤고 세 연합군은 자중지란으로 서로 쳐 죽였다. 여호사밧은 탈취물을 거두는 데 사흘이 걸릴 정도였다. 하나님과 함께하는 사람이라면 "나는 아무것도 할 수 없다", "나는 연약하다"고 말할 수 있겠는가? 견고한 진은 우리를 자꾸 정죄하고 무능한 자로 만들어 버린다. 세상의 기준에 따라 그럴 수밖에 없지만, 우리 믿는 자들의 기준은 하나님이시고 하나님의 말씀이시며 하나님의 능력이다. 하나님을 의지하는 자는 존귀하며 위대하며 못할 일이 없다. 히스기야가 그랬고 여호사밧이 그랬다. 그들은 승리의 기술자들이다. 그들의 가치는 연약함과 무능함이 아니라 하나님이 그들의 가치였고 하나님이 그들의 자격이었다. 성경은 다음과 같은 진실한 정보를 우리에게 준다.

*

또 만물을 그의 발아래에 복종하게 하시고 그를 만물 위에
교회의 머리로 삼으셨느니라(엡 1:22).

하나. 예수님은 세상을 다스리신다. 둘. 예수님은 교회의 머리시다. 셋. 그러므로 몸인 교회는 머리이신 예수님과 함께 세상을 다스린다. 우리는 교회가 세상의 일부이며 세상에

속했다고 생각하는 경향이 있다. 교회는 세상에 위치해 있을지라도 세상의 일부이거나 세상의 소유가 아니다. 예수님과 함께 세상을 다스리는 위치에 있다. 예수님은 세상을 다스리시며 몸인 교회와 함께 세상을 다스리신다.

교회는 머리 되신 예수님의 몸으로서 세상에 있지만, 세상의 소유가 아니라 예수님의 소유다. 우리는 몸으로서 우리의 머리 되시며 우리를 소유하신 예수님과 함께 예수님의 승인 아래 세상을 다스린다. 예수님은 세상을 다스리시되 몸인 교회와 함께 그리고 교회를 통해 다스리기로 결정하신 것이다. 세상에 있지만 세상에 속하지 말고 세상과 구별되어 세상을 변화시키는 역할을 하라고 요한복음 17장도 말씀하신다.

우리는 성도이며 교회다. 세상에 살지만 세상에 속한 세상의 하부구조가 아니다. 오히려 예수님의 머리에 붙은 몸으로서 예수님의 소유로서 예수님과 함께 세상을 다스린다. 이게 우리의 정체성이다. 이런 성경을 중심으로 한 자신에 대한 정체성은 더 이상 연약한 자가 아니다. 무능한 자가 아니다. 세상의 견고한 진은 계속 우리를 정죄한다. 죄인이라고, 연약하다고, 무능하다고……. 우리의 기준은 예수님뿐이다. 예수님이 나를 어떻게 보시는가, 이것이 바로 나인 것이다. 하나님은 우리에게 자녀의 권세를 주셨다. 다시 한 번 성경 말씀을 상고해 보자.

*

물건을 겁탈하며 노략하리라 하고 네 손을 들어서
황폐하였다가 지금 사람이 거주하는 땅과 여러 나라에서
모여서 짐승과 재물을 얻고 세상 중앙에 거주하는 백성을
치고자 할 때에(겔 38:12).

이 본문에는 황폐하여 흩어졌다가 겨우 다시 모여 살아가던 백성이 또 침략을 당하는 그림이 그려졌다. 이 백성은 겉보기에는 연약해 보인다. 이 백성을 치고자 하는 자는 자신이 있었고 여러 가지가 구비되었으니 치려 하지 않았을까? 치려 하는 나라는 구약의 여러 정황을 보면 바벨론, 앗수르 등이었을 것이다. 그들이 치려 하는 백성은 구약에서는 이스라엘 백성이요, 신약에서는 교회라고 봐도 좋다.

이리 치이고 저리 치이는 이스라엘 백성들, 그런 나라와 백성을 치러 오는 앗수르나 바벨론 같은 강대국들. 하나님은 치러 오는 강대국 앗수르나 바벨론이 아니라 이리저리 치이기만 하는 연약한 이스라엘을 세상의 중심이라 부르신다. 지금 세상에서 세상의 중심은 미국이라고 봐야 마땅하지 않겠는가. 미국이 세상을 다스리는 형상이다. 그런데 오늘날 하나님은 "미국이 세상의 중심이다"라고 하지 않으시고 "교회가 세상의 중심이다"라고 하신다.

지축은 기울어져 있다. 지축이 기울어져 있으니 지구는 기울어 있다. 한 나라의 중심은 정부다. 정부가 이런저런 정책

을 만들고 선포하면 국민은 그 정책에 따라야 한다. 정부가 한 나라의 중심으로서 그 나라를 다스리는 것이다. 경제적으로나 군사적으로나 다른 나라보다 풍부하든 빈곤하든 간에 하나님은 이 세대에 이스라엘, 즉 교회를 세상의 축으로, 세상의 중심으로 삼으시고 세상을 다스리는 권세를 주셨다. 세상의 중심인 교회가 다스리는 대로 세상은 되어 간다.

군사력도 없고 경제력도 없는 교회가 어떻게 세상의 중심이 되어 세상을 다스리나? 바로 기도야말로 세상을 다스리는 무기이며 방법이다. 교회가 기도하는 대로, 세상은 기도 응답으로 돌아가게 되어 있다. 동베를린과 서베를린 사이의 벽이 허물어지고 통합된 데에는 루마니아에서 시작된 성도와 교회의 기도 물결이 있었다. 그렇게 독일은 통일되었다. 교회의 기도가 세상의 새로운 역사를 만든 것이다. 교회가 기도하는 대로 세상이 돌아간 것이다.

연약한 자신을 바라보고, 나보다 많고 높은 무엇과 비교하며 절망감과 정죄감과 자괴감으로 세상을 살다 보면 내가 할 수 있는 것은 아무것도 없다. 좌절만 늘어날 뿐이다. 그러나 성경의 말씀과 말씀을 통한 하나님과의 깊은 관계를 가지고 그 관계 안에서 하나님이 나를 보시는 눈으로 나를 보면 성경의 말씀대로 우리는 신묘막측한 피조물이다. 하나님이 만드셨기에 무엇과도 비교할 수 없는 존재이다.

성경은 말씀 전파의 현장에 기적이 일어날 것이라고 말한다. 기적이 최종 초점은 아니고 주요 관심도 아니다. 다만 기적은 교회와 전도자가 전하는 말씀이 진리이자 능력이 있음을 증거 하는 도구가 된다. 중요한 것은 이것이다. 말씀이 생명의 말씀 됨을 고백하고, 그 말씀대로 순종하여 살며 전하기 원하는 사람들의 삶에는 반드시 기적이 일어난다는 것이다. 믿는 사람들의 삶에 기적이 일어나지 않을 수 없다.

*

또 이르시되 너희는 온 천하에 다니며 만민에게 복음을
전파하라 믿고 세례를 받는 사람은 구원을 얻을 것이요 믿지
않는 사람은 정죄를 받으리라 믿는 자들에게는 이런 표적이
따르리니 곧 그들이 내 이름으로 귀신을 쫓아내며 새 방언을
말하며 뱀을 집어 올리며 무슨 독을 마실지라도 해를 받지
아니하며 병든 사람에게 손을 얹은즉 나으리라 하시더라
주 예수께서 말씀을 마치신 후에 하늘로 올려지사 하나님
우편에 앉으시니라 제자들이 나가 두루 전파할 새 주께서 함께
역사하사 그 따르는 표적으로 말씀을 확실히 증언하시니라
(막 16:15~20).

스스로 연약하다고 고백한다 해서 겸손이 아니다. 주님 안에서 말씀대로 순종하여 살고, 전하려 하면 반드시 기적을 경험하게 된다. 그것이 주님이 만들고 싶은 우리이다. 주님은 그러한 주님의 마음으로 우리 자신을 보기 원하신다.

더 이상 '나는 아무것도 아니다. 아무것도 할 수 없다'는

세상의 견고한 진에 갇히지 말고 하나님이 세상의 중심으로 만드셨다고 고백하고 담대하게 나아가야 한다.

우리의 가치는 다른 곳에 있지 않다. 하나님이 우리의 가치다. 연약한 자신을 위대한 자로 만들고 승리하는 기술자가 되기 위해서는 다음과 같이 행해야 한다.

첫째, 능력의 하나님과 동행하기이다.

*

그가 그의 거룩한 자들의 발을 지키실 것이요 악인들을 흑암 중에서 잠잠하게 하시리니 힘으로는 이길 사람이 없음이로다(삼상 2:9).

둘째, 문제를 보지 말고 크신 하나님을 바라본다.

*

너희는 이제 가만히 서서 여호와께서 너희 목전에서 행하시는 이 큰 일을 보라(삼상 12:16).

너희는 여호와께서 너희를 위하여 행하신 그 큰일을 생각하여 오직 그를 경외하며 너희의 마음을 다하여 진실히 섬기라(삼상 12:24).

셋째, 사람을 바라보지 말고 하나님과 말씀을 바라본다.

*

사무엘이 이르되 내가 어찌 갈 수 있으리이까 사울이 들으면 나를 죽이리이다 하니 여호와께서 이르시되 너는 암송아지를 끌고 가서 말하기를 내가 여호와께 제사를 드리러 왔다 하고(삼상 16:2).

다윗이 사울에게 이르되 보소서 다윗이 왕을 해하려 한다고 하는 사람들의 말을 왕은 어찌하여 들으시나이까(삼상 24:9).

넷째, 늘 하나님과 그분의 얼굴을 구한다.

*

한나가 마음이 괴로워서 여호와께 기도하고 통곡하며(삼상 1:10).

백성들아 시시로 그를 의지하고 그의 앞에 마음을 토하라 하나님은 우리의 피난처시로다[셀라](시 62:8).

내가 소리 내어 여호와께 부르짖으며 소리 내어 여호와께 간구하는도다 내가 내 원통함을 그의 앞에 토로하며 내 우환을 그의 앞에 진술하는도다(시 142:1, 2).

다섯째, 늘 하나님께 묻고 기도한다.

*

다윗이 여호와께 다시 묻자온대 여호와께서 대답하여
이르시되 일어나 그일라로 내려가라 내가 블레셋 사람들을 네
손에 넘기리라 하신지라(삼상 23:4).

그일라 사람들이 나를 그의 손에 넘기겠나이까 주의 종이 들은
대로 사울이 내려오겠나이까 이스라엘의 하나님 여호와여
원하건대 주의 종에게 일러 주옵소서 하니 여호와께서
이르시되 그가 내려오리라 하신지라(삼상 23:11).

백성들이 자녀들 때문에 마음이 슬퍼서 다윗을 돌로 치자
하니 다윗이 크게 다급하였으나 그의 하나님 여호와를 힘입고
용기를 얻었더라(삼상 30:6).

연약한 자신을 위대한 자신으로 만들 줄 아는 사람은 승리의 기술자다. 그렇게 할 수 있는 오직 유일한 방법은 하나님의 눈으로 자신을 보는 것이다.

8. 연약한 이를 위대한 사람으로

*

야곱아 너를 창조하신 여호와께서 지금 말씀하시느니라
이스라엘아 너를 지으신 이가 말씀하시느니라 너는
두려워하지 말라 내가 너를 구속하였고 내가 너를 지명하여
불렀나니 너는 내 것이라(사 43:1).

지난 장에서 '나는 누구인가?'라는 물음을 통해 정체성을 바르게 갖는 것이 신앙으로 승리하는 강한 원동력임을 생각해 보았다. 그 정체성이란 '하나님은 나를 어떻게 보시는가?', '하나님의 눈으로 자신을 바라보기'에서 왔다.

이번 주제에서도 나의 정체성과 가치를 이야기해 보려 한다. 두 번째로 나의 정체성을 하나님의 부르심에서 찾으려 하는 것이다. 하나님의 부르심은 곧 사명이다. 하나님은 우리를 이중으로 부르신다. 구원받아 천국만 바라는 자로 부르시지 않고, 사랑하고 거룩하며 복음을 전하여 이 땅에서 천국을 실현하는 사명자로 부르신다. 그런 사명자가 되려면 성숙한 자가 되어야 한다. 하나님은 나를 하나님의 구원받은 자녀만이 아니라 성숙한 사명자로 부르신다. 여기에 내 두 번째 정체성이 있고, 이 정체성을 견고히 하여 세상을 이길 수 있다.

이런 사명자는 죄인인 우리를 자녀로 삼으시는 복을 받은 자로서만 살아가지 않고, 복의 통로가 되는 삶도 살아야 한다. 시시때때로 '하나님의 장치가 어디 있습니까?'만 찾는 사

람이 아니라, 다른 사람과 세상을 위해 기꺼이 하나님의 장치가 되어 살아야 한다. 그래서 연약한 사람들을 위대한 자로 만들고, 망가진 세상을 회복시키는 하나님의 도구로 살아가야 한다. 이를 위해 하나님은 우리를 이중으로 부르신다. 이것이 승리자의 사명이다. 하나님은 이 사명을 위해 우리를 부르신다. 누군가를 승리자로 만드는 기술자가 되기를 하나님은 우리에게 원하신다.

요나단은 다윗을 위한 하나님의 장치가 되었다. 사무엘도 다윗을 위한 장치가 되었다. 갓과 나단도 다윗을 위한 하나님의 장치가 되었다. 그런 다윗은 오갈 데 없이 떠돌아다니는 자, 가난한 자, 빚지고 도망 다니는 600명을 위해 하나님의 장치가 되었다. 그들이 나중에 통일 왕국을 세우는 공신이 된다. 스데반은 바울을 위한 하나님의 장치가 되었고 축복의 통로가 된다. 그렇게 복 받은 바울은 세상을 위한 하나님의 장치가 되고 축복의 통로가 된다. 축복의 통로가 되는 사명을 위해, 하나님의 부르심이라는 주제를 통해 우리 자신의 정체성을 다시 확실히 세우는 시간이 되길 원한다.

보통 사람을 부를 때는 소리를 내어 부른다. 손짓으로 부르기도 한다. 때로는 눈짓으로 부르기도 한다. 그러나 하나님의 부르심은 완전히 다르다.

위에서 본 성경 말씀에서 하나님이 부르시는 실마리를 찾아보자. 위의 말씀에서 하나님은 부르시는 분으로 묘사된다. 그런데 동시에 하나님은 창조자로 묘사된다. 하나님은 나를 창조하심으로 나를 부르신 것이다. 부르시기 위해 하나님이 나를 만드셨다. 하나님이 나를 만드셨다는 의미를 생각해 보자. 이미 있는 것 중 아무것이 아니라 꼭 나와 만나고 교제하기 위해 나를 만들어서까지 부르신 것이다.

나는 이미 있는 것 중 하나가 아니다. 하나님이 불러 교제하기 위해 만든 유일한 존재다. 이미 있는 것 중 아무하고나 교제하시려면 굳이 나를 만드실 필요가 없었다. 나는 그분에게 그런 존재이다. 무작위로, 여럿 중 하나가 아니라 내가 아니면 안 되는 유일한 나인 것이다.

위의 말씀에서 하나님의 부르심에 관한 또 다른 실마리를 찾아보자. 하나님은 부르시는 분으로 묘사된다. 그와 동시에 구속자로 묘사된다. 하나님은 구속하셔서 나를 부르셨다. 하나님은 부르시기 위해 나를 구속하셨다. 하나님이 나를 구속하심은 하나님의 나를 부르심이다. 나를 구속하심으로 부르신 것이다. 구속이란 대가를 지불하고 대신 빼내 오는 것을 말한다. 무엇인가를 지불하고 샀다는 말이다.

*

여러분은 자기를 위하여 또는 온 양 떼를 위하여 삼가라
성령이 그들 가운데 여러분을 감독자로 삼고 하나님이 자기
피로 사신 교회를 보살피게 하셨느니라(행 20:28).

하나님은 자기 아들의 핏값을 주고 나를 사신 것이다. 나

를 사단의 권세에서 빼내 오신 것이다. 자신의 목숨까지 드려서라도 나를 구속하셨다. 나를 부르시기 위해서다. 피 목숨까지 주신 그분은 나를 위해 무엇인들 주시지 못하겠는가?

*

자기 아들을 아끼지 아니하시고 우리 모든 사람을 위하여 내주신 이가 어찌 그 아들과 함께 모든 것을 우리에게 주시지 아니하겠느냐(롬 8:32).

나를 구원한 사건은 나를 재창조(새로운 피조물)하신 사건이다. 또 한 번 우리를 창조하셔서 우리를 부르셨다.

*

그런즉 누구든지 그리스도 안에 있으면 새로운 피조물이라 이전 것은 지나갔으니 보라 새 것이 되었도다(고후 5:17).

하나님은 나를 창조하면서까지 나를 부르시고야 말았다. 하나님은 자신의 목숨을 지불하면서까지 나를 사서 구원하고 부르셨다. 이제 나는 하나님의 소유가 되었다. 이것이 결과이다. 창조하셔서 부르셨다. 자기 목숨을 담보로 나를 구원하셨다. 전부 하나님이 주어가 되어 하신 일이다. 내가 한 일이 없다. 나에게서 조건을 찾지도 않으셨다. 그저 하나님이 좋아서 하나님이 하신 일이다. 소유가 얼마나 있나, 지위는 있는가, 선행은 얼마나 했는가 등 무엇인가를 요구하지 않으셨다. 율법과 조건이 아니라 내 존재 자체를 즐거워하신다. 내 소유로 나를 보지 않으시고 나를 존재 자체로 보신다. 이것이 은혜다. 나는 그렇게 하나님의 소유가 되었다. 아무 가치도 자격도 없지만, 은혜로 사랑받아 마땅한 존재가 된 것이다.

그렇게 나는, 하나님의 자격이 내 자격이 되고, 하나님의 가치가 내 가치가 되고, 하나님의 능력이 내 능력이 된 사람이다. 나는 그렇게 하나님이 불러서 하나님의 소유가 된 복받은 자다.

아브라함에 대해 개역한글판에서 "너는 복의 근원"이라고 번역했는데, 개역개정에서는 "너는 복이다"라고 번역했다. 하나님의 부르심을 받은 나는 복 자체다. 내가 복덩어리다. 나는 그렇게 하나님께 부름 받아 고귀하고 존귀한 복덩어리가 된 것이다. 하나님의 소유가 된 것도, 하나님이 지명하심도, 하나님의 부르심도, 나의 자격과 소유 때문이 아니라 자격 없음에도 불구하고 우리 존재 자체를 은혜로 사랑하셨기 때문이다.

내가 한 일도 없고 자격도, 가치도 없는데 나를 존귀한 자로 만들어 주셨으니 얼마나 감사한 일인가? 그런데 오늘도 나는 아무것도 아니다. 연약할 뿐이라고 되뇌고 있다면 하나님이 하신 일, 즉 창조와 피 흘리심을 얼마나 소용없는 일로 만드는 일인가?

나는 존귀하고 고귀한 자로 부름 받아 복 받은 자가 되었다. 그렇게 하나님이 불러주셨다. 이제 하나님은 이중적 부르심으로 부르신다. 복 받은 자의 책임으로 나를 부르시는 것이다. 아브라함처럼 복의 통로가 되는 것이다. 하나님은 나를 복으로 부르셨고, 복 받은 자로서 축복의 통로로 이중적으로 부르신다.

하나님이 부르셨다. 하나님께 부름 받아 더 가까이 그분께 간다. 그분께 가서 깊은 교제가 이루어질수록 그분의 마음과 뜻을 깊이 알게 된다. 그분의 뜻과 생각은 나의 생각과는 비교할 수 없을 만큼 높고 크다. 우리는 "나는 복 받았으니 감사합니다. 받은 복이 좋습니다"라고 복의 자리에 머무르려는 경향이 있다. 그런데 복 받아 하나님께 감사한 자는 하나님의 크고 깊은 뜻을 이해하기 시작한다. 그분의 마음이 내 마음이 된다. 하나님이 복을 주시는 이유는 복의 통로가 되라는 것이다.

교회는 이렇게 복으로 그리고 복의 통로로 이중의 부름을 받았다. 그런데 교회나 교인들은 복에서 머무르려 한다. 복의 통로에 대한 사명을 망각하려 한다. 우리가 가진 견고한 진 때문이다. 이 진을 깨뜨려 하나님 부르심의 끝까지 가야 한다. 복의 통로가 되는 데까지 그 사명을 거부하는 우리 속의 견고한 진의 모습들을 살펴보자.

첫째, 무관심이다. 자신 외에는 관심이 없다. 자신에게만 바쁘다. 둘째, 이성적 판단이다. 내가 한 가지 좋은 일을 한들 세상이 얼마나 변할지 미지수다. 셋째, 부담감이다. 왜 나인가? 심적 부담감이다. '마음은 있지만', '나도 부족한데'이다. 넷째, 자괴감이다. 자기 부정적 사고, 패배주의이다.

대학에 다닐 때 친구들과 함께 성경공부를 했다. 친구들끼리 동질성이 강했다. 같은 학교, 같은 환경, 같은 관심, 같은 고민, 같은 연령 등……. 그러다 보니 성경공부를 하면 한마음이 되어 함께 결단하고 기도했던 기억이 있다. 이후 나는 목회자가 되어 교회를 섬기게 되었다. 교회는 캠퍼스와 달라 아무리 맞춘다 해도 한 성경공부 그룹 안에서도 연령이 다르고, 상황이 다르고, 학력이 다르고, 생각이 달랐다. 그래서 성경공부를 한 다음 결단을 할 때도 제각각이었다.

무엇보다도 젊어서 친구들끼리 하나님을 위해 헌신해 보자는 단순한 마음으로 단결된 결단보다는, 행하지 못하면 차라리 배우는 게 무섭다는 생각이 더 지배적임을 볼 때가 있었다. 젊었을 때보다 삶도 더 복잡하다. 남편은 회사 일로 바쁘고 골머리를 앓는다. 아내도 남편 뒤치다꺼리하랴 아이 키우랴 정신이 없다. 아무리 복된 메시지라도 이런저런 사정 때문에 행하지 못할 수 있다는 패배주의적 생각과 두려운 마음이 먼저 생기는 것을 볼 때가 있다. 그래서 차라리 성경공부를 하지 않고 설교를 듣지 않겠다고 하는 것이다.

다섯째, 복만 바라는 기복신앙이다. 이런 세계관과 견고한 진은 아담과 하와가 죄를 지은 이후에 들어왔다. 죄인들의 세계관, 세상의 세계관, 사단이 주는 기준이 견고한 진이 되어 죄책감, 두려움, 정죄감, 부정적 사고에 조종당하고 휘둘리게 된다. 아담과 하와는 하나님이 주신 정체성 앞에 당당하게 선 것이 아니라 자기부정과 자기거부라는 자기 결론 뒤에 숨었다.

우리는 다시 한 번 성경적인 말씀과 세계관으로 무장하여 견고한 진을 깨뜨려야 한다. 어떻게 해야 할까? 첫째, 하나님은 내 소유로 나를 보지 않으시고 존재, 즉 있는 모습 그대로 보신다. '무엇인가 아직도 부족하다', '나는 아무것도 아니다'라는 사단의 속삭임을 물리쳐야 한다. 둘째, 하나님은 나를 과거로 보지 않고 현재로 보신다. 나는 더 이상 죄인이자 연약한 자가 아니라 하나님이 지명하여 불러 자기 소유로 삼으신 사람이다. 셋째, 이제 우리가 사용하는 문장에서 '그렇지만', '그렇긴 해도'라는 수식어를 빼야 한다. 넷째, 하나님이 내 자격이며, 내 가치이며, 내 능력이며, 나는 그의 소유다.

나는 선교 현장에서 인도네시아 성결교회와 10여 년을 동역하였다. 중부 자바에서 거주하면서 목회자 훈련, 성도들과 함께한 제자 훈련, 교회 개척 사역을 하였고, 교회 건축 도움과 직접 교회를 개척하여 두 교회를 목회한 적이 있다. 후배 선교사가 인도네시아의 신원 에벤에셀 회사와 함께 인도네시아 수도인 자카르타에 한인 교회를 세워 목회하다가 여러 사정으로, 특별히 교단 예비 선교사들의 훈련을 담당하기 위해 한국으로 귀국하게 되었다. 새로운 목회자를 모셔 올 상황이 되지 않아 교단과 협의해서 내가 후임 목회자로 20여 년을 섬기게 되었다.

나는 한국에서 미국 선교사를 만나 복음을 듣고 예수님을 인격적인 구주로 영접한 후에 선교만을 준비하다가 파송을 받았고 오직 선교만을 위해 일했다. 그런데 갑자기 한인 교회를 맡게 되어 많이 당황했다. 한인들과 함께 목회 활동을 하려면 뭐하러 머나먼 선교지까지 왔는지 많은 의심이 있었고 혼란스러웠다.

한 해 두 해 목회하면서 기쁨이 있었다. 이민지에서 외롭고 힘겨워하는 성도들과 함께하는 목회의 사명도 회복되었다. 무엇보다 선교지에서 이민자들인 한인들과 선교를 위해 헌신하며 하나님의 뜻을 발견해 나가는 과정과 선교를 통해 얻는 결과들, 그 결과들로 또 선교를 향해 재도전하고 열매를 맺게 하시는 하나님의 능력을 경험하게 되었다.

선교지의 한인 디아스포라 이민자들을 목회한 경험에서 배운 몇 가지 패턴과 필요를 나누고자 한다.

첫째는 패턴이다. 인도네시아에 거주하는 한인들의 사정이 지금은 조금 좋아진 상황이다. 대기업들이 인도네시아에 진출하면서 월급을 받으며 일하는 한인들이 인도네시아에 안정적으로 정착하고 있기 때문이다. 그러나 인도네시아에 들어온 첫 세대는 대개 사업에 실패해서 경제적 도피를 했거나 사업을 일으키기 위해 물가가 싸다는 이유로 이곳을 찾은 경우가 많았다. 인도네시아에서의 삶은 어렵기 그지없었다. 경제적 이유로 가족들과 헤어지는 사례가 다반사여서 가정 문제도 많이 생겼다.

이런 상황에서 그들은 그동안 살아 왔던 패턴을 잃어버렸다. 그동안 살던 패턴이 있었다. 일하고 월급 받고 자녀 학비를 내고 공과금을 내던 패턴이 있었는데, 경제 문제를 겪고 인도네시아라는 이민지로 와서 어려운 삶을 꾸려가다가 그동안 가졌던 삶의 패턴이 무너지고 만 것이다. 돈이 없어 가정은 흩어지고 자녀 학비를 댈 수 없게 되었다. 그래서 그들은 삶의 패턴을 잃어버렸다고 했다. 그런데 과연 삶의 패턴을 잃었을까?

우리 역사에서 많은 이민이 있었지만 현대적 의미의 이민사를 보면 1800년대 말과 1900년대 초에 두만강과 압록강을 건너 간도나 만주로 건너가 농사를 짓고, 소련으로 건너가 벌목하는 일을 하고, 하와이로 건너가 농장에서 일하고, 멕시코 등 남미로 들어가 보따리 장사부터 봉제 일에 동참하고, 하와이에서 미국 본토로 들어가 여러 직종과 삶의 형태를 꾸린 사람들이 있었다.

어려운 가운데 어디로 갈지 모르고 이리저리 정처 없이 떠돈 것 같지만 그런 역사 속에 패턴이 있었다. 개개인의 삶을 보면 패턴을 잃어버리고 삶을 영위해 간 것 같지만, 한인들의 이민이라는 전체 그림을 보면 명확한 패턴이 발견된다.

전 세계적으로 이민이 없던 때는 없다. 처음에는 기후를 따라 움직이는 본능적인 패턴이었다. 그런 다음 총칼로 다른 나라를 점령하는 과정에서 점령한 나라 백성들을 끌어가 노예로 부리고, 점령자의 나라 사람들을 점령지에 보내 다스리는 패턴이다. 기후 때문에 혹은 점령당해 끌려가면서 피동적으로 이민이 이루어졌다. 그러나 이제는 무역을 위해, 사업을 위해, 직장을 찾아 능동적으로 나서는 이민 패턴이 이루어진다.

우리는 유교에 물들었던 사람들이다. 유교는 조상이 중요하고 조상의 땅인 고향이 중요하다. 조상과 고향을 떠나는 것은 죽기보다 싫은 일이지만, 나라를 점령한 일본 사람보다 같은 민족인 탐관오리의 횡포를 못 이겨 중국으로 건너가 갖은 고생을 하며 농사를 지어 먹고살게 된다. 선교사들의 주관으로 하와이 농장으로 가서 일하고 결혼도 하게 된다. 어느 시기에는 유학생들이 이민의 주류를 이루었다. 어느 시기에는 어두운 역사지만, 한미 주둔군을 성적으로 접대하던 여인들이 미군들과 사랑에 빠져 미군을 따라 이민을 간 역사도 있었다. 도피이든, 확장하러 가든, 경제적인 이유든 이민은 그 시대마다 패턴을 가지고 계속해서 이루어지고 있다. 큰 그림으로 보면 어려운 사람들이 아무 보장도 없이 고향을 떠나 이민지에서 떠돌며 살아왔기에 패턴이 없어 보이지만, 면밀히 따져 보면 시대마다 이민의 패턴이 있었음은 명백해 보인다.

전체 그림으로 볼 때 패턴이 있었다면, 개인의 이민사들 속에도 패턴이 있을 것이다. 분명 이민 이전에 가졌던 패턴은 아닐 것이다. 그러나 그런 개인의 이민사에서 삶의 패턴이 없어진 것이 아니라 삶의 패턴이 변한 것이다. 인식을 하든 못 하든 패턴은 여전히 있다. 변화되었을 뿐이다.

하나님은 한 사람에게 사명을 주실 때 삶의 근간을 흔들어 놓는다. 사업하던 사람을 목회자의 길로 인도하시면 갑자기 무엇을 먹고 살며 학비를 어떻게 대란 말인가? 이런 경우가 많이 있다. 전에 살던 패턴이 없어진 것이 아니라 변했다. 패턴이 변했다는 말은 옛 패턴을 없애고 새 패턴을 만드셨다는 것이다. 사람들은 대개 옛 패턴이 없어지면 어렵기만 하다고 생각한다. 그러나 디아스포라 이민이 하나님의 뜻이라면 패턴이 없어진 것이 아니라 새로운 패턴이 만들어졌음을 알아야 한다.

경제적 어려움이 있든 없든, 문제가 심각하든 심각하지 않든, 고국에서의 패턴은 안주 패턴이다. 주님은 이 안주 패턴을 어려움이라는 상황으로 흔드시고 이민지로 보내시어 새로운 삶의 패턴인 사명 패턴으로 변화시키신다. 이것이 하나님의 이민 목적이다.

요셉은 이민자였다. 하나님의 뜻이다. 요셉을 미리 애굽에 보내서 앞날을 준비하시려 한다. 그런데 문제가 있었다. 잘 설득해서 말했으면 요셉이 애굽에 미리 가서 정착하고 하나님의 때를 기다렸을까? 문제는 아버지였다. 눈에 넣어도 안 아플 아들을 잘 설득한다고 보낼 리가 없었다. 어머니도 마찬가지였을 것이다. 요셉 자신도 아버지의 사랑 안에 안주하기가 좋았지 생판 모르는 곳에서 이민자가 된다는 두려움이 있었을 것이다.

그런데 하나님의 뜻은 요셉이 애굽에 가는 것이다. 미리 가서 준비하는 것이다. 그러면 남는 것은 하나다. 모든 앞선 패턴을 흔들어 놓는 것이다. 설득을 당해 자발적으로 가는 것이 아니기에 아버지와 강제로 떨어져야 한다. 그때 요셉이 당한 고통은 형들 때문이 아니었다. 형들은 하나님의 뜻을 이루는 도구가 되었을 뿐이고, 누구도 그것을 인식하지 못했을 뿐이다. 형들이 때려서 아픈 게 아니다. 형들이 요셉을 대상들에게 팔아서 아픈 게 아니다. 어차피 아버지나 가족과 헤어지는 것은 아프다. 왜냐하면 모든 이전의 삶의 패턴이 흔들리기 때문이다. 요셉은 안주 패턴에서 사명 패턴으로 넘어갔다. 안주 패턴이 흔들려 아프고 괴로웠다. 그러나 그렇게 해서 사명 패턴으로 넘어간 것이다.

하나님은 우리를 존귀하게 여기신다. 그렇게 창조하시고 구원하시며 사명으로 부르신다. 복으로 부르셨을 뿐 아니라 복의 통로로 부르셨다. 우리를 사용하시겠다는 것이다. 우리를 사용하시겠다는 것은 우리를 신뢰하시고 우리에게 복을 주시고 도구로 사용하여 자신의 일을 이루시겠다는 것이다. 우리를 존귀하고 고귀하게 보시고 사명을 주셔서 동역자의 반열까지 우리를 세우시고, 친구처럼 동행하시며 우리에게 주의 일을 맡기시니 과분할 따름이고 감사할 따름이다.

중부 자바 작은 도시 살라띠가에 신학교를 세우고 신학생들을 가르치다가 가르침만이 아니라 본이 필요하다고 생각하게 되었다. 그래서 교회를 개척하고 직접 목회를 했다. 부흥시켜 주셔서 한 해에 200명이라는 교인이 모였다. 그 가운데 중국계 인도네시아 사람들이 있어서 많은 것을 감당해 주었다. 의사 부부가 있어 아파도 돈 한 번 내지 않고 치료를 받았다. 자동차정비소를 하는 분이 있어서 차를 돈 내고 고쳐 본 적이 없다. 은행 지점장이 있어서 시내에서 일을 보다 돈이 부족하면 은행에 가서 돈을 먼저 꾸고 다음 날 통장을 갖다 주어 입출금 처리를 한 적도 있다. 신학교는 건축도 잘되고 운용도 잘되고 있었다. 나는 그 작은 도시의 유지가 되어갔다. 모든 것이 익숙하고 안전했다. 그런데 위에서 언급했듯이 어느 날 예기치 않게, 수도인 자카르타에서 한인 교회를 목회하게 되었다. 나는 한국에서 외국 선교사에게 복음을 듣고 아무 거리낌 없이 선교에 헌신 후 선교만 생각하고 살았다. 그런데 갑자기 한인들 그것도 선교지에서 그들을 목회하게 된 것이다. 하나님은 내 안주 패턴을 흔들어 놓으셨다. 내 모든 것이 흔들렸다. 그러나 나중에 깨달았다. 하나님의 부르심에 대해……. 하나님이 나를 사명 패턴으로 부르셨던 것이다. 또 다른 사명 그리고 필요가 있으셨던 것이다.

둘째는 필요이다. 이민자에게는 패턴 문제만이 아니라 필요의 문제가 있다. 먼저, 이민자는 자신의 필요를 채운다. 지금은 많이 달라졌다. 자발적으로 삶의 확장을 위해 다른 나라로 가는 경향이지만, 초창기에는 먹고살기 위해 어쩔 수 없이 쫓기듯 고국을 떠났다. 그리고 이민자들은 이민지의 필요를 채운다. 현대적 의미에서의 한인 이민은 침략자 일본 때문이기도 하지만, 그보다는 같은 민족인 탐관오리들의 극성을 견디지 못해서였고, 또 조선에 몇 년간의 가뭄이 있었기 때문이었다. 압록강과 두만강을 건너면 간도요 만주였다. 그때 조선인들은 대다수가 농민이었다. 그들은 중국 땅에서 농사를 지었다. 그곳은 추운 지방이라 중국인들이 농사를 짓지 않던 곳이었다. 이리저리 쫓겨 다니고 빼앗기며 거지같은 삶을 살면서도 농사를 지었다. 중국 중앙정부는 그동안 남쪽에서 식량을 공급받았다. 그런데 중간에 반란이 일어나 식량 공급이 원활하지 못했다. 그때 그동안 추워서 농사를 짓지 않던 땅에서 조선 이민자들이 지은 농산물을 공급받게 된다.

조선 이민자들은 당시 먹지도 못하고 쫓겨 다니고 움막에 살았다. 남을 도울 처지가 아니었다. 남을 돕는다고 생각지도 못했다. 그러나 역사를 뒤돌아보면 조선 이민자는 바로 그때 자신들의 이민지인 중국을 돕게 되었다. 어쩌면 도왔다는 것조차 인식하지 못하고 죽었을지도 모른다.

벌목을 위해 춥고 추운 시베리아로 건너간 조선 이민자들이 있다. 연명을 위한 일이었지만 그 일이 소련 발전에 크게 이바지를 했다. 독일로 간 간호사들이 독일인들이 기피하는 시체 닦는 일을 했고 탄광에서 일한 조선인들도 그때 그 나라를 위해 필요했던 인력이었다. 요셉은 좋은 정책을 통해 자신의 이민지인 애굽이 흉년에 들지 않도록 애굽의 필요를 채운 사람이다. 현재 베트남에 있는 삼성이 베트남 경제 발전에 얼마나 많이 기여했겠는가. 이민자들은 자기들도 먹고 살기 힘든 상황이었다. 그러나 원하든 원치 않았든, 인식했든 인식하지 못했든 이민지의 필요를 채운 사람들이다.

그리고 이민자들은 고국의 필요를 채운다. 조선 이민자들은 중국에 건너가서 조선에서 할 수 없었던 일을 조선을 위해 할 수 있었다. 침략을 받고 일본의 감시가 삼엄한 고국에서 할 수 없었던 민족교육이 그것이다. 독립운동의 근거지 역할을 한 것이다. 하와이 사탕수수밭에서 일하던 조선 이민자들도 자신들이 받은 일당에서 독립자금을 떼어 아낌없이 바쳤다. 미국 유학생들은 미국의 선진 문물을 한국에 들여와 한국 문화, 학문, 과학, 의학, 사상 등의 발전에 지대한 영향을 미쳤다. 독일 광부들과 간호사들의 외화 수입은 고국의 경제 발전에 큰 공헌을 했다. 이민자들은 비록 이민지에 살지만 고국의 필요를 채우는 역할을 충분히 하는 것이다.

마지막으로, 이민자들은 하나님의 필요를 채운다. 간도와 만주로 건너간 조선 이민자들은 교회를 세우고 신앙교육을 한다. 윤동주 시인 같은 걸출한 신앙인이 배출되기도 한다. 아무도 예배하지 않는 그곳에 예배자들이 세워지고, 하나님의 이름이 높이 칭송을 받게 되는 역사가 있었다.

성경에는 의외로 이민자 이야기가 많다. 요셉과 다니엘 등이 그렇다. 요셉은 보디발에게 팔려 그의 노예가 된다. 그런데 보디발은 하나님이 요셉을 형통하게 하시는 것을 보고 요셉을 가정 총무로 삼아 모든 것을 위탁하게 된다.

*

그의 주인이 여호와께서 그와 함께 하심을 보며 또 여호와께서 그의 범사에 형통하게 하심을 보았더라(창 39:3).

하나님을 모르는 황무한 땅, 아무도 예배하지 않는 땅에서 요셉 때문에 보디발이라는 사람이 여호와의 이름을 부르고 하나님이 형통케 하는 일을 보게 되었다. 요셉 때문에 보디발이 하나님께 영광을 돌리게 되었다.

애굽 왕은 향후 7년 동안 풍년이 이어지다가 7년 동안 흉년이 이어질 거라는 요셉의 꿈 해석에 놀라워한다. 애굽 왕은 요셉의 지혜와 명철이 하나님께로부터 왔다고 고백한다.

*

요셉에게 이르되 하나님이 이 모든 것을 네게 보이셨으니 너와 같이 명철하고 지혜 있는 자가 없도다(창 41:39).

아무도 하나님을 모르는 나라에서 요셉 때문에 그것도 왕이 하나님을 인정하는 고백을 한다. 이민자인 요셉으로 인해 하나님이 그 황무한 땅에서 영광을 받으신다. 다니엘도 마찬가지다.

*

왕이 대답하여 다니엘에게 이르되 너희 하나님은 참으로 모든 신들의 신이시요 모든 왕의 주재시로다 네가 능히 이 은밀한 것을 나타내었으니 네 하나님은 또 은밀한 것을 나타내시는 이시로다(단 2:47).

느부갓네살이 말하여 이르되 사드락과 메삭과 아벳느고의 하나님을 찬송할지로다 그가 그의 천사를 보내사 자기를 의뢰하고 그들의 몸을 바쳐 왕의 명령을 거역하고 그 하나님 밖에는 다른 신을 섬기지 아니하며 그에게 절하지 아니한 종들을 구원하셨도다 그러므로 내가 이제 조서를 내리노니 각 백성과 각 나라와 각 언어를 말하는 자가 모두 사드락과 메삭과 아벳느고의 하나님께 경솔히 말하거든 그 몸을 쪼개고 그 집을 거름터로 삼을지니 이는 이같이 사람을 구원할 다른 신이 없음이니라 하더라(단 3:28, 29)

그러므로 지금 나 느부갓네살은 하늘의 왕을 찬양하며 칭송하며 경배하노니 그의 일이 다 진실하고 그의 행하심이 의로우시므로 교만하게 행하는 자를 그가 능히 낮추심이라 (단 4:37).

내가 이제 조서를 내리노라 내 나라 관할 아래에 있는 사람들은 다 다니엘의 하나님 앞에서 떨며 두려워할지니 그는 살아 계시는 하나님이시요 영원히 변하지 않으실 이시며 그의 나라는 멸망하지 아니할 것이요 그의 권세는 무궁할 것이며 그는 구원도 하시며 건져내기도 하시며 하늘에서든지 땅에서든지 이적과 기사를 행하시는 이로서 다니엘을 구원하여 사자의 입에서 벗어나게 하셨음이라 하였더라 (단 6:26, 27).

느부갓네살, 다리오 등 다니엘과 함께했던 이민지 왕들의 고백들을 들어보라. 이 나라가 어떤 나라들인가? 세상을 정복하고 세상을 다스리는 왕들이다. 하나님 없이 이 일을 이룬 왕들이다. 교만의 극치에 있을 법한 사람들이다. 그런데 이민자 다니엘과 그 친구들 때문에 하나님을 모르는 땅의 왕들의 고백이 어떻게 변하는가를 보라. 믿음의 황무한 땅에서 하나님이 보내신 이민자들 때문에 하나님의 이름을 부르며 그분께 영광을 돌리고 있다.

하나님은 원하시는 것이 없다. 그분은 모든 것을 소유한 분이기 때문이다. 한 가지 원하시는 필요가 있는데, 바로 영광을 받는 것이다. 다니엘 같은 사람들은 믿는 자가 아무도 없는 이민지에서 사람들을 찾아 하나님께 영광을 돌리게 함으로 하나님의 필요를 채운 이민자들이다.

선교지이자 한인들에게는 이민지인 인도네시아에서 목회를 경험하면서 이민자들의 삶의 패턴과 그들이 어떻게 자신과 세상, 하나님의 필요를 채우는지 공부했다. 이민자들 예를 들었지만, 어찌 이민자들만의 일이겠는가? 바로 우리 믿는 사람 모두의 이야기다. 우리가 누구인가? 본향을 떠나온

이 땅의 이민자들이며 나그네들이다.

세상에는 자기 자신을 포함하여 많은 사람들과 나라들의 필요가 있다. 무엇보다도 영광 받으시고 싶어 하시는 하나님과 하나님 나라의 필요가 있다. 물질이 많든 없든, 기술이 있든 없든, 많이 배웠든 못 배웠든 간에 이 필요들을 볼 수 있어야 한다. 하나님은 이 필요들을 보고 채우는 사명자로 우리를 부르신다. 아담과 하와 이후 형성된 우리의 세계관과 견고한 진은 이것을 자꾸 거부하려 한다.

하나님은 우리를 부르신다. 구원의 복뿐만 아니라 복의 통로가 되어야 하는 사명의 복으로 우리를 부르신다. 우리가 가져야 할 삶의 패턴은 사명 패턴이다. 하나님이 우리의 삶을 흔드실 때는 혹시 사명 패턴으로 바꾸시려는 것이 아닌지 심각하게 고려해 보아야 한다. 주님은 안주 패턴을 깨는 아픔을 통해 요셉을 사명으로 인도하신다. 자꾸 안주하려는 우리의 삶의 패턴을 깨고 사명 패턴으로 나아가야 한다. 주님은 우리를 복의 통로가 되는 사명으로 부르신다. 우리를 존귀하고 고귀하게 여기시기 때문이다. 그래서 우리를 하나님의 일에 동참케 하시는 것이다. 그 누가 아니라 바로 나다. 하나님의 사명으로 부르심에 감사하고 예민하게 반응하며 세상과 하나님의 필요를 채워야 한다.

세상 어디나 필요가 있다. 세상의 필요를 위해 하나님은 나를 필요로 하신다. 그 필요를 위해 나를 찾으신다. 나는 필요 없고 쓸모없는 자가 아니라 세상의 필요를 위해 하나님이 필요로 하시는 고귀하고 존귀한 자다. 복으로 부르시고 복의 통로가 되도록 오늘도 부르신다. 이것을 인식하는 자는 하나님이 부르신 어디에나 승리가 기다리고 있음을 믿어야 한다. 세상에 필요 없는 곳이 없다. 하나님은 그 필요를 위해 우리를 부르신다. 특별히 자신의 영광을 위해 우리를 부르신다. 필요 없는 사람은 없다.

9. 예수 이름의 능력을 주장하는 자

*

베드로가 이르되 은과 금은 내게 없거니와 내게 있는 이것을 네게 주노니 나사렛 예수 그리스도의 이름으로 일어나 걸으라 하고(행 3:6).

예수, 그 이름의 능력으로 세상의 견고한 진들을 깨뜨려 버리자! 아시아에서 이름은 중요하다. 그 이름에 여러 의미를 부여하여 그대로 되기를 소망하는 마음으로 이름을 짓는다. 창세기에 보면 하나님께서 사람에게 직접 이름을 지어 주신다. 그러나 다른 것은 아담이 이름을 짓게 하신다. 아담이 세상의 온갖 생물에 의미와 가치를 부여했다. 이름을 붙여줌으로써 각 생물은 그들 각자의 특성과 의미와 가치를 갖게 되었다.

예수의 제자들이 기도하러 가다가 한 앉은뱅이를 만나게 되고, 예수님의 이름으로 그를 치유하는 사건이 벌어진다. 예수님의 이름과 관련해서는 한 가지 덧붙일 것이 있다. 다른 사람들의 이름에도 나름의 의미와 가치가 있겠지만, 예수님의 이름에는 한 가지가 더 있는데 바로 '능력'이다. 그 능력이 앉은뱅이에게 사용되기 이전에 사용된 곳이 있다. 바로 치유의 행위자인 베드로다.

첫째는 관심이다. 베드로는 앉은뱅이가 앉아 있던 그 자리를 항상 지나다녔을 것이다. 그 자리에서 구걸한 지 오래되었기 때문이다. 그럼에도 앉은뱅이는 베드로의 관심사가 아니었다. 그 안에 자신이 가득했고 자신의 욕망이라는 견고한 진이 가득했기 때문에 다른 어떤 것이 그 마음을 뚫고 들어갈 수 없었을 것이다. 그런 베드로가 변화되어 앉은뱅이에게 관심을 갖게 되었다. 어디에서 그 변화의 능력이 왔을까? 바로 그가 아는 예수님의 이름의 능력이다. 예수 이름의 능력을 알게 된 후에 비천한 자에게 관심을 주게 되었다. 이것이 예수 이름의 능력이고 예수 이름을 아는 자의 능력이다.

그다음은 겸손이다. 베드로는 늘 자신이 우선이었다. 자신과 자신의 미래뿐이었다. 그런데 예수 이름의 능력을 알게 된 후에는 자신을 내려놓는 것을 배웠다. 예수 이름 앞에서 무슨 능력이 그 이름을 뛰어넘겠는가? 앉은뱅이를 고친 베드로의 고백을 보자. 예수님의 능력, 예수님의 계획, 예수님의 생각이 베드로 속에 우선적으로 자리하고 있음을 볼 수 있다.

*

베드로가 이것을 보고 백성에게 말하되 이스라엘 사람들아 이 일을 왜 놀랍게 여기느냐 우리 개인의 권능과 경건으로 이 사람을 걷게 한 것처럼 왜 우리를 주목하느냐(행 3:12).

그 이름을 믿으므로 그 이름이 너희가 보고 아는 이 사람을 성하게 하였나니 예수로 말미암아 난 믿음이 너희 모든 사람 앞에서 이같이 완전히 낫게 하였느니라(행 3:16).

이제 우리는 예수님 이름의 능력 속으로 들어가 보려 한다.

*

사도들을 가운데 세우고 묻되 너희가 무슨 권세와 누구의 이름으로 이 일을 행하였느냐(행 4:7).

사람들은 베드로가 병자를 고친 사건을 문제 삼기 시작했다. 이스라엘 지도자들은 베드로가 부활을 선포하자 믿는 자가 5,000명이나 되니 위협을 느낀 것이다. 누구의 권세와 이름으로 이 일을 행했느냐고 심문이 시작된다. 아직 누가 치유의 주인공이고 그 이름인지 모르는 듯했다. 모른다는 말은 감추어져 있다는 말이다. 비밀이란 말이다.

그 이름은 예수님이다. 누구의 능력인지 얼마만 한 능력인지 그들은 모르고 있다. 아직은 비밀로 남겨져 있다. 그 비밀의 베일을 베드로가 열어젖히고 설명해 주고 있다. 결론적으로 그 이름은 예수다. 그 이름에는 한 가지 비밀이 있다. 그 이름의 비밀은 바로 '능력'인 것이다. 베드로는 이 사건을 소소히 설명하며 사건의 주인공이신 예수님과 그 이름의 비밀인 능력을 증거하고 있다.

예수 이름의 능력은 초능력의 이름이다. 이런 병은 민간요법으로만 낫는다든지, 병원을 가야 낫는다든지 하는 것은 세상 지식이며 이론이다. 이런 세상의 지식과 이론으로 안 되면 이 병은 고칠 수 없는 병이다. 이것이 세상의 지식과 이론으로 형성된 세상의 견고한 진이다. 그런데 이런 지식과 논리를 뛰어넘어 그 병자는 예수님의 이름으로 고침을 받았다. 초자연적인 능력이다. 세상의 어떠한 병이나 견고한 진이라도 파하고 남을 능력이다.

먼저, 그 능력은 치료하는 능력이다. 길거리에 차 한 대가 멈춰 서 있다. 운전자는 열심히 고쳐 보려 했지만, 도저히 고칠 수가 없다. 이때 노신사가 차를 세우더니 운전자에게 다가가 물었다. "무슨 문제가 있습니까?" 운전자는 대답했다. "원인도 모르겠고 알아도 저는 고칠 기술이 없습니다." 이것저것 만져보지만 해결이 되지 않는다고 하자 노신사는 웃옷을 벗고 멈춘 차로 다가가 몇 군데를 만졌다. 그랬더니 차에 다시 시동이 걸렸다. 멈춘 차는 포드사에서 만든 자동차이고, 차를 고쳐준 노신사는 포드 자동차를 세운 포드였다. 포드 자동차를 만든 사람이 포드 자동차에 관해 제일 잘 안다. 차를 만든 포드야말로 차가 망가졌을 때 제일 잘 고칠 수 있는 사람이다.

이와 같이 사람이 병이 들었을 때 제일 잘 고칠 수 있는 분은 그 사람을 만든 하나님이다. 하나님의 치료는 온전한 치료이다. 이 세상의 가장 큰 능력은 창조의 능력이다. 모든 것을 있게 한 능력이다. 그렇기에 어떤 사람이 병들었을 때 창조자의 창조 능력은 모든 병을 고칠 수 있는 최고의 능력이다. 이 세상에서 무언가 망가졌을 때 그것을 고치고 회복시키는 최고의 능력은 바로 창조자의 창조 능력인 것이다.

창조자의 창조 능력은 무에서 유를 창조한 능력이고, 어둠을 빛으로 만드는 능력이며, 혼돈을 질서로 만드는 능력이다.

인간 세상의 어둠과 혼돈은 사단이 역사한 결과다. 세상의 알량한 견고한 진은 이 속에서 예수의 이름을 의지하지 못하도록 유혹한다. 세상은 세상의 지식과 이론으로 세상을 바꿀 수 있다고 큰소리치지만, 그 견고한 진은 세상을 어둡게 혼돈스럽게 만들고 있다.

*

너희와 모든 이스라엘 백성들은 알라 너희가 십자가에 못 박고 하나님이 죽은 자 가운데서 살리신 나사렛 예수 그리스도의 이름으로 이 사람이 건강하게 되어 너희 앞에 섰느니라 (행 4:10).

십자가는 하나님이 목숨을 주면서까지, 땀이 피가 되면서까지 우리같이 미천한 자들을 위해 베푸신 최선이다. 이와 같이 그 창조의 능력자이신 그분은 우리의 치료를 위해 최선을 다하신다. 믿음으로 이 능력을 소유한 우리들은 세상의 견고한 진들을 깨뜨려 버리고, 그 능력으로 세상을 고치고 회복하고, 어둠을 빛으로 혼돈을 질서로 만들어가는 주역이 되어야 한다.

오라, 그 이름의 능력 앞으로! 창조자 예수, 그 이름의 능력으로 최선을 다해 세상과 아픈 사람들을 회복하고 치유하자!

또한 그 능력은 위로하는 능력이다.

*

이 예수는 너희 건축자들의 버린 돌로서 집 모퉁이의 머릿돌이 되었느니라(행 4:11).

예수님의 이름은 보통 이름이다. 어느 글에서 본 기억이 있다. 예수님을 부인하려는 사람들이 중동에서 어떤 무덤을 발견했는데 어느 가족의 무덤이었다. 예수라는 가장과 마리아라는 아내와 몇 자녀들의 무덤이었단다. 이로 인해 예수님은 결혼하였고, 자녀가 있었으며 따라서 신성하지도 않고, 구주도 아니라는 논리로 이 무덤이 이용되고 있었다. 그 무덤도 그 이름들도 인정한다고 해보자. 그렇다고 그 무덤이 예수님의 구원자 되심을 부인하는 증거는 아니다. 왜냐하면 '예수'는 당시에 너무 흔한 이름이었다. 그 무덤에 장사된 사람이 예수는 맞지만, 그 흔한 이름 중 한 사람이지 이름이 같다고 해서 구세주 예수라고 말할 수는 없다.

'호세아', '이사야'는 어원적으로 '예수'와 같은 이름이라고 한다. 흔한 이름이었다. 예수님은 유별나게 자신을 차별화하기 위해 특별한 이름을 사용하지 않으셨다. 우리와 같은 보통 이름을 사용하셨다. 우리와 차별화하지 않으시고 우리와 같이 인간이 되시고 우리와 같은 흔한 이름을 사용하셨다. 실제로 그분은 이 땅에서 우리보다 못한 삶을 사셨다. 못한 죽음을 당하셨다. 이런 그의 이름과 삶과 죽음은 우리 같은 평범한 사람들에게 큰 위로가 된다.

성경은 그분이 수없이 변한다고 말한다. 가난한 자에게는 가난한 자가 되셔서 가난한 자와 함께하신다. 아픈 자에게는 십자가에서 아프신 그분이 위로가 된다. 전능하고 무죄한 하나님이시지만, 죄인을 구하기 위해 죄인이 되어 천국에서 이 땅으로 오셨다. 나는 한국 사람이지만 선교사로서 인도네시아에 사는 것을 허락하셨다. 대학을 나와 돈을 많이 벌고 싶었지만, 선교사와 목사로 섬기고 있다. 하나님은 변하셔서 고통당하는 자들처럼 되셔서 그 자리에 함께 계심으로 그들을 위로하신다. 성경은 분명히 하나님이 변하지 않는다고 힘주어 말한다. 맞다. 원리적인 면에서 그분은 절대로 변함이 없으시다. 그분은 사랑이시다. 그것이 변할 수는 없다. 그러나 그분은 사랑하기에 자신을 낮추어, 고통당하는 자의 자리에 함께 계시며 그를 섬기신다. 하나님이 변하지 않으신다면, 우리를 때에 따라 변화시켜 주시지 않는다면 우리는 숨막혀 죽고 말 것이다. 그분의 변화는 우리 변화의 보증이 되신다. 우리를 변화시키려 우리의 자리까지 자신을 변화시키신 것이다.

주님은 특별한 분으로 언제든지 자원하여 특별하지 않은 자들, 평범한 자들, 평범하지도 않은 자들과 같은 이름을 가지시고 그들의 자리에 계시며 그들을 섬김으로 그런 자들의 위로가 되시는 분이다. 정말 그분의 이름은 평범하다.

예수님의 이름은 보통보다 못한 비천한 이름이다. 베드로의 변증 속에서 예수님은 건축자의 버린 돌임을 알 수 있다. 예수님의 다른 이름은 버린 돌이다. 비참하게 버려진 돌이 그분이시며 그분의 이름이다.

그분은 버린 돌이 되심으로 버려진 자들의 대표자가 되셨다. 우리보다 더 비참하게 버려진 돌을 보면서 우리는 위로를 받는다. 나보다 더한 자들을 보면서 희망을 갖는다. 그래도 나는 낫다는 자부심을 가지고 다시 시작하게 된다.

특별히 그분은 원래 그런 분이 아니라 나 때문에 그리고 나를 대신하여 그렇게 되셨다. 이 세상에 그보다 못한 분이 어디 있을까? 그것도 나를 위하여 그렇게 되신 분이 어디 있을까?

*

우리 주 예수 그리스도의 은혜를 너희가 알거니와 부요하신
이로서 너희를 위하여 가난하게 되심은 그의 가난함으로
말미암아 너희를 부요하게 하려 하심이라(고후 8:9).

찬송하리로다 그는 우리 주 예수 그리스도의 하나님이시요
자비의 아버지시요 모든 위로의 하나님이시며 우리의 모든
환난 중에서 우리를 위로하사 우리로 하여금 하나님께 받는
위로로써 모든 환난 중에 있는 자들을 능히 위로하게 하시는
이시로다(고후 1:3, 4).

예수님의 이름은 비상하고 특별한 이름이다. 이 예수님은 건축자의 버린 돌로서 집 모퉁이의 머릿돌이 되었다. 그의 또 다른 이름은 없어서는 집이 무너지고 말, 없어서는 안 될 모퉁이들과 머릿돌이 되셨다.

*

사람의 모양으로 나타나사 자기를 낮추시고 죽기까지
복종하셨으니 곧 십자가에 죽으심이라 이러므로 하나님이
그를 지극히 높여 모든 이름 위에 뛰어난 이름을 주사
하늘에 있는 자들과 땅에 있는 자들과 땅 아래 있는 자들로
모든 무릎을 예수의 이름에 꿇게 하시고 모든 입으로 예수
그리스도를 주라 시인하여 하나님 아버지께 영광을 돌리게
하셨느니라(빌 2:8~11).

이제 그를 믿는 사람들은 그분과 같다.

*

무명한 자 같으나 유명한 자요 죽은 자 같으나 보라 우리가
살아 있고 징계를 받는 자 같으나 죽임을 당하지 아니하고
근심하는 자 같으나 항상 기뻐하고 가난한 자 같으나 많은
사람을 부요하게 하고 아무 것도 없는 자 같으나 모든 것을
가진 자로다(고후 6:9, 10).

이것이 나에 대한 정확한 영적 판단이며 설명이며 정체성이다. 나는 이것 외에 다른 어떤 사람도 아니다. 나는 정확히 이런 사람이다. 예수님의 위로를 받고 고침을 받고 회복된 나의 모습이다.

보통 이름, 비천한 이름의 소유자이신 그분, 그 순종과 그 헌신을 통해 모든 이름 위에 뛰어난 이름의 소유자가 되신 그분, 그분의 이름만이 우리 같은 보통 사람, 비천한 사람들에게 희망과 소망과 위로를 주시는 유일한 이름이다. 그 이름은 예수다.

그리고 그 능력은 승리하는 능력이다. 예수님의 이름에는 승리하게 하는 능력이 있다. 먼저 영적 싸움에서 이기게 하시는 능력이다.

영적 싸움이라고 해서 예수 이름으로 귀신을 내어 쫓는 싸움만 있는 것이 아니다. 기도해 주는 것뿐 아니라 스스로 신앙을 고백하여 마음에 역사하는 악한 영향력들을 제거하는 싸움도 있다. 논쟁도 영적 싸움의 한 형태다. 예수님은 짧은 말 한마디로 적의 입을 닫으신 적이 여러 번 있다. 오늘도 이 영적 싸움 가운데 한마디로 적의 입을 다물게 하는 베드로와 요한의 승리를 볼 수 있다.

*

베드로와 요한이 대답하여 이르되 하나님 앞에서 너희의 말을
듣는 것이 하나님의 말씀을 듣는 것보다 옳은가 판단하라

(행 4:19).

죽일 수도 있지만 조금 봐 주어서 죽이지 않고 내보내 주면 감사하다고 해야 하지 않을까? 죽일 자리에서 살려 내보내면서 좀 조심하라든지, 이런 일이 일어나지 않게 다시는 그런 일 하지 말라고 하면 나가서는 또 어떻게 할지언정 그래도 내보내주는 사람들의 체면을 생각해서 그 자리에서는 그러겠다고 하는 것이 예의 아니겠는가?

그런데 베드로의 당당함을 보라. 놓아주겠다고 했는데 다시 잡아들이기도 그렇고, 그렇다고 가만히 있기도 그렇다. 베드로가 그렇게까지 할 줄은 몰랐을 것이다. 이 한마디는 그들을 통쾌하게 쓰러뜨리는 카운터펀치가 되었다. 바울도 이렇게 말한다.

*

이제 내가 사람들에게 좋게 하랴 하나님께 좋게 하랴
사람들에게 기쁨을 구하랴 내가 지금까지 사람들의 기쁨을
구하였다면 그리스도의 종이 아니니라(갈 1:10).

중부 자바에서 신학교 사역을 하며 신학교 내 목회 사역을 할 때였다. 인도네시아는 이슬람 인구가 세계 최대인 나라다. 원리주의자들이 비교적 적어 온건하다고는 하지만 이슬람이 강세임에는 틀림이 없다. 한 여자 성도가 있었는데 가

정에서 유일하게 믿는 사람이었다. 그 가족 중에 아픈 사람이 있어서 가끔 기도를 부탁해 오기도 했다. 아픈 것이 심해서 중부 자바의 큰 도시인 서마랑에 있는 큰 병원에 입원하기도 했다. 그러면 한 시간 이상 걸려 병원에 가서 기도해 주기도 했다. 어느 주일, 예배를 드리는데 위독하여 생명이 다해 간다고 해서 예배를 마치고 급히 갔다. 그 동네 사람들이 이슬람 복장을 하고 그 집 주위를 다 둘러싸고 있었다. 분위기가 조금 무섭기도 했다. 그렇지만 그 사람들을 지나쳐 들어가 예수님의 이름으로 담대히 기도하고 돌아왔다.

나중에 교인을 통해 들은 이야기다. 모두가 장례를 준비하고, 이슬람 사람들이 진을 치고 있는 곳에 초청받아 예수님의 이름으로 기도한 후에 혼미 상태에 있던 그분이 정신을 되찾았다는 것이다. 정정해진 그분이 그날 가족들을 모아놓고 "나는 예수님의 제자이니 내가 죽으면 기독교식으로 장례를 치러 달라"고 유언한 뒤 다음 날 돌아가셨다는 것이다.

우리는 이슬람 사람들에게 둘러싸여 장례를 기독교식으로 주도하게 되었다. 인도네시아는 여러 유형이 있겠지만 동네에 마을 사람들을 위한 공동묘지가 있다. 이 동네는 기독교와 이슬람 묘지를 구분해 놓았다. 장례식을 마친 다음 관을 메고 묘지를 향해 걸어갔다. 맨 앞에 십자가를 들고 뒤에는 우리 교인을 빼면 모두 이슬람 사람들이 줄지어 따라왔다. 이미 정해져 있었기에 이슬람 묘지로 향했고 이슬람 무덤밖에 없는 그 가운데에 가져간 십자가를 무덤에 꽂고 돌아왔다. 이슬람 묘지에 유일하게 심은 십자가였다. 그 감격은 지금도 잊을 수가 없다. 예수님의 이름은 영적 싸움에서 통쾌하게 승리하는 능력의 이름이다.

그다음은 기도 응답의 능력이다. 베드로가 이 사건으로 붙잡혔다 풀려나 동료들에게 돌아와 함께 감격의 기도를 드린다.

*

> 주여 이제도 그들의 위협함을 굽어보시옵고 또 종들로 하여금
> 담대히 하나님의 말씀을 전하게 하여 주시오며 손을 내밀어
> 병을 낫게 하시옵고 표적과 기사가 거룩한 종 예수의 이름으로
> 이루어지게 하옵소서 하더라(행 4:29, 30).

이 내용을 보라. 갓 시작된 교회다. 아직은 쥐뿔도 없다. 조금 전까지 힘도 없어서 붙잡혀 심문받고 그들의 동정을 받아 풀려난 상태다. 복음을 전하게 해달라고 기도한다. 전하는 현장마다 기적들도 일어나 복음을 전할 때마다 말씀의 능력 있음을 확증되게 해달라고 기도한다. 그들에게는 복음을 전한다면 성령의 인도와 능력으로 세상 끝까지 전해진다는 개념이 있었다. 이제 한 지역에서 조그맣게 시작하지만, 그 복음이 세상 끝까지 전해지게 해달라고 기도한다. 모든 것을 가질 자처럼, 가진 자들처럼 기도한다. 이것은 못 가진 자의 기도가 아니라 이미 모든 것을 소유한 자의 세상을 호령하는 기도다. 이미 기도 응답을 받은 것처럼 기도한다. 예수님의

이름의 능력을 믿기 때문이다.

그리고 그 능력은 교회를 강하게 하시고 교회를 통해 세상을 이기게 하시는 능력이다.

*

그들이 베드로와 요한이 담대하게 말함을 보고 그들을 본래 학문 없는 범인으로 알았다가 이상히 여기며 또 전에 예수와 함께 있던 줄도 알고(행 4:13).

말씀을 들은 사람 중에 믿는 자가 많으니 남자의 수가 약 오천이나 되었더라(행 4:4).

예수님의 이름은 교회 부흥을 이루는 능력의 이름이다. 예수님의 이름의 능력은 교회의 능력이다. 어떤 고난도 이기고 승리하며 부흥하게 하는 능력의 이름이다. 교회는 예수님의 이름으로 세상을 정복한다. 하나님 나라를 정복한다. 음부의 권세가 그 앞에 설 수 없다. 그 이름의 능력으로 교회는 세상에 서 있다. 세상을 변화시키는 능력은 바로 그 비밀스러운 이름 안에 있다.

인도네시아 교회는 부흥하고 있다. 이슬람이 다수인 나라에서 끊임없이 부흥한다. 한국 교회의 부흥은 한국 교회를 전 세계 교회의 중심이 되게 했다. 세상 교회는 한국 교회를 부러워하고, 한국 교회를 배우려 한국 교회를 수시로 방문하여 견학하고 경험하려 했다.

그런데 변화가 감지되고 있다. 인도네시아가 어려운 가운데에서도 부흥하는 추세다. 인도네시아 교회는 아직 연약한 것 같고 부족한 것 같지만 부흥한다. 기도가 강하거나 말씀이 강한 것도 아닌데 부흥 추세다. 오히려 외국 목회자들이 배우겠다고 인도네시아를 방문한다. 원인이 없음에도 부흥하는 것은 성령의 역사와 예수님 그 이름의 자체 능력 때문이다. 마지막 선교의 마무리를 위해 인도네시아 교회는 일어나야 한다. 선교의 마지막 마무리 지역이 이슬람 지역이기 때문이다. 이슬람 선교를 위해 하나님은 인도네시아를 세우려 하신다. 누구 때문에가 아니라 예수님의 이름, 그 이름의 능력 때문에 인도네시아 교회는 부흥하고 있다.

마지막으로, 그 능력은 구원하는 능력이다.

*

누구든지 주의 이름을 부르는 자는 구원을 받으리라
하였느니라(행 2:21).

다른 이로써는 구원을 받을 수 없나니 천하 사람 중에
구원을 받을 만한 다른 이름을 우리에게 주신 일이 없음이라
하였더라(행 4:12).

이에 대해 우리는 무슨 말을 할 수 있을까? 위에서도 살펴

본 바다. 세상의 종교들은 가르침이 전부다. 이렇게 하면 구원받을 수 있다고 가르친다. 미루지 말고 이제부터 가르침대로 해보라고 권고한다. 해보면 알게 될 거라며 그래서 해보라고 한다. 확실하다는 보장도 없다.

그러나 우리 하나님은 인간의 문제가 무엇인지 정확히 안다. 죄가 문제다. 문제가 무엇인지 확실히 알면 해결 방법이 확실하다. 죄를 지은 자가 연약하여 지은 것이니 죄를 해결할 방법도 없다는 것을 하나님은 아신다. 그래서 너희들이 알아서 해라가 아니라 해결책을 만들어 주신다. 실제적인 해결책을. 죄를 지은 자가 죄 문제를 해결할 수 없으니 '대신' 이란 방법을 쓰신다. 이 대신의 방법을 통해 하나님은 인간의 삶에서, 인간의 역사에서 실제로 한 사건으로 일하셨다. 해봐야 아는 것이 아니라 이미 이루어졌다.

누가 이와 같이 일하셨나? 누가 이와 같이 죄인을 사랑하셨나? 네가 안 하면 안타깝지만 어쩔 수 없다가 아니라 사랑하기에 죽기까지 죄인들을 위해 문제를 해결해 주셨다. 이런 분은 그분밖에 없다. 그분만이 구세주이시다. 구원자이시다. 그분의 이름을 부르고 의지하고 고백하기만 하면 우리는 구원을 받는다. 너무 쉬워 보이나? 너무 값싸 보이나? 그분이 우리를 구원하기 위해 지불한 값은 너무 비싸다. 이렇게까지 우리를 위해 자신을 자발적으로 주신 분이 없다. 그분의 이름은 예수님이다. 그분의 이름만이 우리의 구원자 되신다.

그 이름의 능력은 이 세상의 어떤 견고한 진이 갖는 능력도 초월한다. 이것이 우리가 가진 비밀이다. 나는 보통 사람이다. 콧구멍도 남들과 같이 두 개이며, 손도 두 개이고, 손가락도 양쪽 열 개씩이다. 다른 사람과 다를 바 없다. 그러나 나에게는 비밀이 있다. 예수 그 이름의 비밀이다. 그 비밀은 능력이다. 놀라운 예수 그 이름의 능력이 있다. 예수 이름으로 귀신을 내어 쫓는다. 병든 자를 일으킨다. 기도 응답을 받는다. 예수 이름으로 기도하고 세상을 변화시키고 움직인다. 교회를 부흥시킨다. 선교의 길을 확장해 간다. 내가 있는 곳에서 그리고 세계 속에서…….

10. 하나님이 이기게 하신다

*

그런즉 너희는 먼저 그의 나라와 그의 의를 구하라 그리하면 이 모든 것을 너희에게 더하시리라(마 6:33).

하나님이 이기게 하시면 이긴다. 이것은 두말할 필요가 없다. 하나님은 우리가 이기기를 원하신다. 이것도 두말할 필요가 없다. 그래서 공급하시고 강하게 하시고 도우신다. 하나님은 우리를 이기게 하시려고 이런 긍정적인 역할을 하신다. 그런데 생각할 때 하나님이 긍정적 역사가 아니라 부정적으로 일하는 것 같을 때가 있다. 그중의 하나가 고난의 문제다. 하나님이 이기게 하심에 있어서 그보다 먼저 고난의 문제를 이야기해야 한다.

앞서 아브라함을 이야기할 때 시험과 고난을 언급한 적이 있다. 중복되지 않게 우리가 당하는 고난을 승리와 관련하여 잠시 생각해 보려고 한다.

첫째, 성경에 점찍기이다. 아무리 어려운 상황 가운데서도 성경에 점을 찍어야 한다. 하나님은 감당 못할 시험을 주시지 않는다. 우리가 감당하지 못하겠다고 생각할 즈음에 하나님은 피할 길을 주면서까지 시험을 감당하게 하신다. 우리가 감당 못할 시험은 주시지 않는다. 성경에 점을 찍는 사람은 성경대로 고난 속에서도 기뻐한다. 소망한다. 인내할 수 있다. 이는 이미 언급한 바 있다.

둘째, 하나님은 능력이 없어서가 아니라 이유가 있으셔서 고난을 주신다. 우리가 고난을 경험하는 것은 하나님이 능력이 없어서가 아니라 이유가 있기 때문이다. 내가 어렸을 때 창경원이 유일한 동물원이었다. 넓지 않았기에 관람하는 사람들로 늘 붐볐다. 그리고 아이를 잃어버렸다는 방송이 늘 나왔다. 잃어버린 아이를 찾아 보호하고 있다며 관리소에서 방송을 하면 부모들이 달려와 소리를 지르면서 얼싸안고 눈물 흘리던 모습이 눈에 선하다. 부모도 신기한 모습에 한눈을 팔다가 아이들의 손을 놓칠 때가 있다. 그러나 하나님은 자신도 모르는 사이 우리가 고난에 빠진 것을 발견하고 그런 줄 몰랐다고 놀라는 분이 아니다. 지식이 부족해서 능력이 부족해서가 아니다. 다 이유가 있으시다. 사단이 시험하는 것을 허락하시든지 아니면 하나님 자신의 각색에 의해서든 하나님이 의도한 상황이다. 의도는 다양하다. 겸손하게 하시려고, 용서를 배우게 하시려고, 모든 것을 잃고 모든 것을 주관하시는 분이 하나님임을 알게 하시려고, 인내를 배우도록…….

셋째, 나를 사랑하신다는 명백한 증거이다. 위의 내용이 사실이라면 고난은 하나님이 나를 정말 사랑하신다는 명백한 증거다. 히브리서 12장에 우리가 자녀이기에 징계도 하신다는 말씀이 있다. 남의 자식이라면 잘못되었을 때 그렇게 슬퍼하지 않아도 된다. 걱정하지 않아도 된다. 내 자식이기에 그렇게 슬퍼하고 아파하고 걱정하게 되는 것이다. 다시는 그렇게 되지 않기를 간절히 바라기에 충고도 하고 징계도 한다. 아버지의 잔소리와 매질은 때로는 진정한 사랑의 증거인 것이다.

넷째, 하나님은 나의 고난의 자리에 나와 함께 계신다. 이 말씀 한마디에 우리는 고난을 이길 수 있다. 진정 그분은 임마누엘의 하나님이시다. 하늘의 하나님이 죄로 만연한 세상에 인간이 되어 오셨다면 더 이상 무슨 말이 필요하겠는가? 그분은 진정 우리와 함께하시려고 이곳에 오셨다. 그분은 진정 자신을 위해 이 땅에 오셨다. 우리와 함께하고 싶은 깊은 소망과 열정 때문이다. 또한 그분은 우리와 함께 계신다는 것을 우리가 인식하도록 이 땅에 오셨다. 그분은 우리를 위해 이 땅에 오신 것이다. 우리와 함께하신다는 것을 그분은 우리가 알기를 소원하신다.

어느 여선교사가 어려운 아프리카 선교지에서 몹쓸 짓을 당하였다. 울고 또 울다가 정신을 차리고 기도하며 추슬렀다. 그는 그 경험을 통해 책을 쓰게 되었고, 그런 상처를 입는 많은 여성을 위해 사역하였으며 이로 인해 좋은 열매를 맺었다. 그의 고백은 "하나님이 그때도 그곳에 계셨다"였다.

9·11 사태 때 많은 간증이 있었다. 사람들이 살겠다고 정신없이 계단을 따라 내려가는데, 어떤 사람이 사람을 살린다며 올라가는 것이다. 사람들은 그를 천사라고 불렀다. 그 아비규환에서도 서로 돕고 위로하던 경험을 한 사람들이 그 후에 고백했다. 하나님이 거기 계셨다고.

그때 내 딸들은 중부 자바의 한 선교사 자녀 학교에 다니고 있었는데, 자신의 친구들과 나눈 SNS에서 하나님은 거기 계셨다는 메시지를 우연히 발견한 적이 있다.

전 세계적으로 경제적 어려움을 겪었던 IMF 외환위기 때 인도네시아도 어려움을 겪었는데, 한번은 폭동이 일어났다. 그때 인도네시아 사람들이 적개심을 품은 대상이던 중국계 인도네시아 사람들이 테러를 많이 당했다. 상점이 털리고 여자들이 조직적으로 성폭행을 당하게 되었다. 인터넷상에 처음에는 원망 불평의 글들이 올라오다가 며칠 지나자 하나님께 감사하며 임마누엘 하나님을 고백하는 글들이 올라오기 시작했다. "하나님이 거기서 나와 함께하셨다."

다섯째, 그 속에 있는 두 가지 길이다. 먼저, 우리가 기도하면 하나님은 그 고난의 환경을 변화시켜 주시거나 지나가게 해주신다. 그리고 우리가 기도하면 환경이 바뀌거나 지나가서가 아니라 고난 속에서도 충분히 인내하며 견디게 하시며 능력을 주셔서 승리할 수 있게 해주신다.

예수님이 십자가를 지시기 전에 겟세마네 동산에서 했던 기도는 두 번째의 상황을 충분히 이해하셨기에 하신 기도고, 우리로 하여금 이해할 수 있게 해주는 기도다. 우리는 두 가지를 놓고 기도한다. 하나님은 두 가지를 다 해주실 수 있다. 한 가지만을 기대하다가 또 이루어지지 않으면 실망하게 된다. 어떻게 일하실지 하나님을 기대하고 기다리자.

여섯째, 끝이 있다. 고난이 왔을 때 고난 자체보다 고난에 끝이 없을까 봐 걱정하는 사람이 많다. 그러나 끝은 분명히 있다. 끝은 선함으로 끝날 것이다. 이것이 고난을 통한 하나님의 계획이다. 우리에게는 고난의 끝이 분명히 있고, 그 끝은 선하게 끝날 것을 알기에 고난이 지나가길 기다리고 또한 담대하게 고난 속을 걸어간다.

일곱째, 내가 끝낸다. 하나님이 고난을 끝내도록 기다리는 게 아니라 내가 끝을 내야 한다. 얼마나 고난이 지속되느냐는 내가 결정하는 것이다. 고난 속에 하나님의 나를 향한 이유와 뜻이 있다. 그 뜻과 이유가 이루어지면 고난은 끝나는 것이다. 하나님이 내 교만을 고치시려고 고난을 주셨다면, 내가 능동적으로 내 교만을 고치면 고난은 끝이다. 하나님이 내게 용서를 배우게 하려고 고난을 주셨다면, 내가 용서하면 그 고난은 끝이 나는 것이다. 왜 이렇게 고난이 기냐고 하나님에게 원망할 것이 아니라 어떻게든 하나님의 나를 향한 이유를 찾아내고 하나님의 뜻이 내 안에서 이루어지도록 하면 고난은 끝나는 것이다.

여덟째, 좋은 해석이다. 고난을 이기는 데는 고난에 대한 좋은 해석이 중요하다. 어떤 연인이 결혼을 했다. 결혼을 했지만 아이가 생기지 않았다. 오랫동안 기도했다. 하나님이 10년 만에 응답하셔서 아내가 임신하게 되었다. 그리고 출산을 했는데, 기형아였다. 오래 기도한 끝에 10년 만에 얻게 된 아기라 얼마나 기뻐하고 기대했는데……. 부부는 하나님을 원망했다. '차라리 주시지 말든지, 하필이면 왜 기형아를 주십니까?'

기도해도, 기도해도, 원망하는 마음이 풀리지 않았다. 어느 날 기도 중에 하나님이 마음을 만져주셨다. 그러자 마음에 다음과 같이 주님이 말씀하시는 듯했다. "그 아이는 누가 주었니?" "하나님이요." "그 아이의 소유는 누구니?" "하나님이요." "그 아이는 내 것인데, 내가 이 아이를 맡겨 키울 부모를 10년이나 찾았지만, 너희 부부만 한 부부를 찾지 못했단다. 내 아이를 잘 키워줄 수 있겠니?"

그들은 비로소 자신들을 인정하신 하나님께 감사하며, 하나님이 주신 선물을 천사로 보고 기뻐하며 키울 수 있게 되었다. "내 것인데, 내 것이 왜 이래?" "하나님은 왜 이런 것을 나에게?" "내가 무엇이 부족해서 하나님은 하필 이런 것을 나에게 주시나?" 이것은 좋은 해석이 아니다. 이런 아이를 키우려면 인내도 사랑도 남달라야 한다. 하나님은 그런 자격 있는 부부를 찾고 계시다가 지금 이 부부를 그런 부부로 인정하신 것이다. 이 이야기는 실제이다. 고난에는 정말 좋은 해석이 필요하고 고난 속에서 좋은 해석이 중요하다.

아홉째, 챔피언 만들기이다. 결국 어려움을 통해 사람들은 강해진다. 부부싸움하는 사람들에게 좋은 충고를 얼마나 해줄 수 있을까? 그럴듯한 충고나 조언은 얼마든지 해줄 수 있지만, 막상 자신이 부부싸움에 돌입하면 남들에게 충고한 대로 하지 못하는 자신을 발견한다. 평소에 자신은 부드럽고 무엇이든 받아들일 수 있다고 인식하다가 정말 못된 인간 만나면 자신도 어쩔 수 없는 인간임을 알게 된다. 그렇게 알고 나서도 또 어쩔 수 없다.

돈이 많은 것은 아니지만 그래도 부족함 없이 살 때는 돈 때문에 걱정하고 근심하는 사람들을 보면 인내가 부족하다거나 돈으로만 사는 게 아니라거나 쉽게 충고나 조언을 하고 심지어 비웃기까지 한다. 그런데 자신이 경제적인 어려움을 겪으면 자신이 비웃었던 그때 그 사람들보다 더한 사람이 되어 있는 자신을 보게 된다.

군대 가서 많이 하는 말이 있다. "사회에 있을 때는 이렇지 않았는데……." 인도네시아에 사는 한인들이 늘 하는 말이 있다. "내가 한국에서는 이래 본 적이 없는 사람인데……."

한국에서는 공동체가 넓다. 어려서부터 잘 아는 사람들이 있어서 서로를 이해해 준다. 공동체가 넓으니 누구와 기분 나쁜 일이 생기면 그 사람과 안 만나도 만날 사람이 많다. 얼마동안 안 만나다 만나면 반갑기도 하다. 집 안에서 좋지 않은 일이 있어도 친구들을 만나 재잘거리다 보면 마음이 풀린다. 그런데 인도네시아에 오면 공동체가 좁다. 그 사람이 그 사람이다. 만나서 기분 좋지 않은 일이 일어나도 내일 또 그 사람을 봐야 한다. 공동체의 범위가 좁으면 서로 말들도 많아서 자신에 대해 이상한 소문이 도는 것을 종종 경험하게 된다. 어떤 사람과 싸우고 나서는 하는 말이 한국에서는 누구와 한 번도 싸워 본 적이 없다는 것이다.

힘들고 어려운 일을 만나면 자꾸 주눅이 든다. 자기의 연약함이 발견된다. 자기도 모르던 자신을 자기 안에서 발견한다. 그 어려운 문제도 풀기 힘들지만, 자신도 너무 힘이 들어 문제를 풀 능력이 없다는 것을 알게 된다. 그래서 좌절한다. 그 문제와 그 사람 때문에, 특히 그런 문제 하나 해결하지 못하는 자신 때문에 실망한다.

잘됐다. 일이 틀어지는 것 같지만, 하나님 편에서는 지금 잘되어 가고 있는 것이다. 세상의 무거운 짐들에 자신의 무능력을 더하면 우리는 더욱더 좌절한다. 우리의 끝은 하나님의 시작이라는 말이 있다. 인간적으로, 경제적으로 어려워 교회를 찾아온다. 죽지 못해 마지막 지푸라기를 잡는 심정으로 교회를 찾는다. 왜 인간적인 동기로 교회를 찾느냐고 욕하면 안 된다. 그 상황은 하나님의 장치다. 인간적으로 시작해 이제 영적으로 하나님이 준비한 속으로 들어오게 될 것이다.

*

인내를 온전히 이루라. 이는 너희로 온전하고 구비하여 조금도 부족함이 없게 하려 함이라(약 1:4).

인내는 하다 하다 안 돼서 어쩔 수 없이 두 손 들고 시간만 지나기를 기다리는 것이 아니다. 내 것은 다 잃어버려 이제 어쩌지 못하지만, 지금 그 잃어버린 부분이 온전하고 구비한 하나님의 것으로 채워지는 시간이다.

내가 원하는 것을 잃어버리고 실망하고 좌절하지만 하나님의 것으로 채워지는 순간, 우리에게는 이런 순간과 이런 작업이 필요하다. 그 작업에 적합한 것이 고난이다.

고난은 내 힘이 없음을 발견하고 하나님을 의지하기 좋은 도구다. 우리는 강해지려고 돈을 모으고 권력을 쥐려고 발버둥 치면서 그런 것들로 힘의 근원을 삼으려 한다. 그런데 모든 힘의 근원인 하나님을 의지함이 능력의 근원임을 알아야 한다. 그래야 견고한 진을 이기고 세상을 이기고 사단의 궤계를 멸하고 사단의 권세에 묶여 있는 세상을 구할 수 있다.

하나님! 그분은 우리를 승리하는 강한 군사로, 챔피언으로 만들기를 원하신다. 브리스길라와 아굴라 부부는 고난을 통해 하나님이 승리자와 챔피언으로 만들어주신 부부다. 이런 승리자와 챔피언의 일상적이고 습관화된 고백은 "먼저 그 나라와 그 의를 구하라"이다. 이런 자는 하나님이 무조건 승리자로 삼으시고 챔피언으로 삼으신다.

브리스길라와 아굴라 부부에 대한 두 가지 해석이 있다. 첫째, 아굴라는 부유한 브리스길라 집안의 종이었다. 이 가족은 아굴라를 해방시키고 브리스길라와 결혼시켰다. 그렇게 된 이유는 한 가지 때문일 것이다. 아굴라의 성실함이었다. 종이었는데 성실함 말고는 볼 게 무엇이 있었겠는가? 그렇더라도 브리스길라의 겸손도 함께 말하지 않을 수 없다. 아무리 그렇더라도 어떻게 종과 결혼할 수 있겠는가? 당시의 사회 통념상 결코 쉽지 않은 일이었다. 브리스길라가 얼마나 겸손한 사람인가를 보여준다.

둘째, 아굴라의 직업은 천막을 만들어 파는 일이었다. 브리스길라는 부유한 집안 출신이었다. 둘은 아마 교회에서 만나 결혼했을 것이다. 어쨌든 여기서도 신분의 차이는 있었겠고, 그렇다면 둘이 만날 수 있었던 이유는 아굴라의 성실함과 브리스길라의 겸손함이었을 것이다. 이즈음 로마에서 유대인 추방 사건이 일어난다. 이것이 두 부부에게 일어난 고난이다. 말이 추방이지 갑자기 추방이 되면 어디로 가며 어떻게 먹고살 것인가. 큰 부자는 아니었지만 오랫동안 쌓아놓은 친분으로 단골도 많았을 텐데, 두 부부는 어디로 가야 할지 모르면서 쫓겨나게 된다.

그들이 흘러들어 간 곳이 고린도였다. 마침 그곳에 바울이 거주하고 있었고, 천막 만드는 직업이 같았으므로 자연스레 함께 살며 일하게 되었다. 그런데 함께 살며 일할 뿐 아니라 바울과 함께 말씀 공부를 하고 바울을 통해 하나님이 하시는 생생한 일을 목격하게 된 것이다. 이 부부는 불가능이 가능해진 일, 즉 회당장이 그 온 집안과 함께 주를 믿고, 수많은 고린도 사람들이 믿음으로 세례를 받는 것을 목격하고 이에 동참하게 된다.

그들이 겪었던 고난은 하나님의 장치다. 신앙의 승리자가 되고 세상을 이기는 챔피언이 되게 하시는 하나님의 사건이었다. 그들은 바울과 함께 성경을 공부하고 예배하고 전도하고 기적을 경험했다. 고난이 없었다면 이런 신앙의 흥분된 경험을 어디서 할 수 있었겠는가? 세상의 견고한 진은 '어디서 무엇을 먹을까?'라는 사상으로 사람들을 짓누르고, 늘 걱정 근심하게 만들며, 그저 그렇고 그런 인생을 영위하도록 만든다. 그러나 고난을 경험하고 하나님만 의지함으로써 고난이 복의 출발점인 것을 경험한 두 부부는 아무 두려움 없이 당당하게 "먼저 그 나라와 그 의를 구하는" 하나님이 무조건 이기게 하시는 하나님의 승리자와 챔피언이 된 것이다. 고난은 하나님이 안주 패턴에서 사명 패턴으로 우리의 삶을 흔들어 변화시키는 하나님의 장치다.

그의 행로를 살펴보자. 먼저 로마다. 안정된 삶을 영위했다. 그런데 하나님이 안주함을 흔드셨다. 유대인들이 로마에서 추방되는 사건이 일어난다. 걱정 근심이 주가 되어 기가 죽고 자포자기의 마음으로 어디로 갈지도 모르면서 길을 떠난다.

다음은 고린도다. 그곳은 소망이나 희망의 도시가 아니다. 어쩔 수 없이, 혹시나 하는 마음으로 눌러앉은 곳이다. 할 줄 아는 일이 그것밖에 없어서 천막 치는 일을 시작했지만, 생소한 곳에서 일거리가 얼마나 있을지 아무런 소망도 정보도 없다. 그저 하루하루 입에 풀칠하는 심정으로 그곳에 머물고 있다. 얼마간 하다가 아니다 싶으면 떠날 마음이었는지도 모른다.

그러나 하나님이 모르시는 일이 없고 못하실 일이 없다. 정처 없이 떠났지만, 하나님은 그들을 승리자와 챔피언으로 만들기로 마음먹으셨다. 안정된 삶을 흔들어 사명의 길을 가도록 하나님이 의도하신 사람들이다. 거기서 바울을 만나고 신앙의 실제를 접하게 된다.

로마에서 그들은 그리스도인이었고 브리스길라는 겸손했으며 아굴라는 성실한 사람들이었지만, 그들의 신앙은 지식에 머문 신앙이었다. 신앙이 실제가 되지 못한 신앙이었다. 그런데 바울을 만나 지식도 더하고 그 지식이 머리에만 있는 지식이 아니라 밖으로 나와 실제가 되는 신앙을 경험하게 된 것이다. 신앙을 사건으로 경험한 것이다. 도저히 믿을 수 없는 회당장이 주님께 돌아온다. 예상하지 못한 수많은 사람들이 주님을 영접한다. 이제는 고상한 지식뿐만 아니라 신앙이 삶의 실제가 됨을 경험하게 된 것이다. 이제는 어떤 것도 보이지 않는다. 하나님만 보인다. 하나님의 말씀이 실제가 되는 것만 보인다. 하나님의 계획만 보인다. 하나님의 영광만 생각한다.

그리고 에베소다. 얼마 지나지 않아 바울이 에베소로 사역지를 옮긴다. 로마를 떠날 때 머릿속에 든 생각은 먹을 것과 잘 곳과 사업이었다. 그것만 생각하면 머리가 지끈지끈거리고 근심 걱정이 떠날 날이 없었다. 고린도에 온 지 얼마 되지 않았다. 단골도 생길까 말까 한 때다. 조금만 힘쓰면 나아질 것 같다.

그런데 두 부부는 바울을 따라 무작정 에베소로 떠난다. 고린도에서 조금이나마 일궈 놓은 사업은 어떻게 하라고. 그러나 그들은 이제 어제의 그 사람들이 아니다. 사업적으로 보면 정착도 잘 안되었는데, 조금 더 힘써도 될까 말까인데 여기서 접다니! 바보가 아닌 이상, 사업을 포기하지 않은 이상 그럴 수가 있을까. 하지만 그들은 담대히 고린도를 떠난다. 그들에게는 '하나님 나라와 그의 의'가 먼저였다.

하나님 나라와 그의 의를 위해 바울을 따라 에베소로 떠나는 두 부부를 보라! 그들은 어쨌든 에베소에서 또 천막 치는 사업을 했을 것이다. 또다시 시작한다. 단골도 없다. 광고도 되지 않았다. 에베소 사람들은 이미 단골 천막집이 있어서 처음 온 이방인의 천막가게는 찾지 않을 것이다. 이렇게 해서는 사업이 안 될 것이 뻔한 일이다. 잠시 이들의 사업 이야기는 접어두자.

거기서 부부는 아볼로를 만나 신앙적 성숙을 가르치며 섬긴다. 이제 먹을 것만 찾는 자들이 아니라 먹일 줄 아는 성숙한 신앙인이 된 것이다.

그리고 로마다. 로마에서 유대인이 받던 고난이 끝이 났다는 이야기가 들려왔다. 그들은 에베소에서 로마로 향한다. 그곳에서 하나님의 일에 최선을 다한다. 그렇다. 다시 한 번 그들의 사업 이야기를 하지 않을 수 없다. 아무리 하나님의 일이라도 그렇지 사업을 접지는 않았을 텐데, 먹지 않아도 된다거나 입지 않아도 되는 것은 아닐 텐데, 로마에서 고린도로, 고린도에서 에베소로, 다시 에베소에서 로마로……. 사업적으로 보면 도저히 성공시킬 수 없는 사업 전략이다. 그것도 사업적 노력을 하다 하다 안 돼서 어쩔 수 없이 떠나는 게 아니었다. 되든 안 되든 떠난다. "하나님 나라와 그의 의"가 먼저라고 하며 떠난다.

그리고 에베소다. 그들은 그렇게 다시 로마를 떠난다. 어쩔 수 없어서 떠난다. 전에는 유대인이라는 이유로 쫓겨났지만, 이제는 그리스도인이라는 이유로 네로의 핍박을 피해 떠난다. 어쩔 수 없어서가 아니라 '하나님 나라와 그의 의' 때문에 떠나는 것이다. 누가 내쫓는다고 가고, 누가 붙잡는다고 붙어 있는 것이 아니다. 그들은 먼저 그 나라와 의를 추구해서 떠나고 정착하는 것이다. 그렇게 에베소로 돌아와 디모데를 돕는다. 아굴라와 브리스길라 부부의 행적을 살펴보았다. 이제 그들에 대한 한 가지 정보를 더 나누려고 한다.

*

너희는 그리스도 예수 안에서 나의 동역자들인 브리스가와
아굴라에게 문안하라 그들은 내 목숨을 위하여 자기들의
목까지도 내놓았나니 나뿐 아니라 이방인의 모든 교회도
그들에게 감사하느니라 또 저의 집에 있는 교회에도 문안하라
내가 사랑하는 에배네도에게 문안하라 그는 아시아에서
그리스도께 처음 맺은 열매니라(롬 16:3~5).

아시아의 교회들이 너희에게 문안하고 아굴라와 브리스가와
그 집에 있는 교회가 주 안에서 너희에게 간절히
문안하고(고전 16:19).

이 성경 말씀을 통해 아굴라와 브리스길라는 어디에서 사역하든 자신의 집을 교회로 내놓았고, 전심전력으로 헌신했다는 사실을 알 수 있다. 당시에는 교회가 시작되는 상황이기는 하지만, 한 도시에 하나 꼴로 교회가 있었다. 그러면 아무리 교인이 적다 해도 모두 한 집에 모이기는 좁을 듯하다. 예루살렘에 초대교회가 생기던 오순절 때 마리아의 다락방에는 150명이 모였다. 마리아는 그들 가운데 좀 부유한 편에 속했고 그 집은 큰 편에 속했다. 아굴라와 브리스길라가 교회로 내놓은 집도 한 무리의 교인들이 모이려면 그 방은 조금 넓어야 되고 그 집은 조금은 커야 할 것이다. 그는 가는 곳마다 집을 내놓아 교회로 사용했다. 그 집은 컸을 것이고 방도 넓었을 것이다.

여기서 엿볼 수 있는 것이 있다. 그들이 떠나서 다른 곳에 정착하고, 또 얼마 안 돼 떠나서 다른 곳에 정착했기 때문에 사업이 잘될 리가 없었을 것이다. 상황과 환경을 보면 그럴 수밖에 없다. 그런데 그는 가는 곳마다 집을 내놓아 교회로 사용했다. 그 방과 집이 커야 했다면 어느 정도 여유가 있었고 부유했다는 의미가 된다. 사업이 잘될 리가 없는데, 무슨 여유로 큰집을 소유 혹은 세를 들었을까?

한 가지 방법이 있다. 하나님이 하시면 된다. "먼저 그 나라와 그의 의"를 구하면, "모든 것을 더해주시겠다"는 하나님의 말씀이 삶의 실제가 되면 된다. 내가 하나님의 일에 우선권을 두고 살면 하나님은 내 삶을 책임지신다.

많은 그리스도인이 이 견고한 진을 뛰어넘지 못한다. 생각과 지식 속에 쌓인 견고한 진을 무너뜨리지 못한다. '그렇게 하다가 망하지 않을까?' '먼저 세상에서 든든히 서야 주님께 드릴 것도 있지 않을까?' '물질 없이는 하나님의 일도 못하지 않을까?'

두 부부는 세상의 견고한 진을 깨뜨려버렸다. 더 성공했다. 신앙도 성공하고 세상에서도 성공했다. 하나님이 하셨다. 이런 신앙의 체계는 고난으로부터 시작되었다.

하나님이 하시면, 하나님이 이기게 하시면, 지려야 질 수가 없다. 망할 수가 없다. 안 될 리가 없다. 이런 신앙의 용기와 기개로 사명을 감당하고 세상을 정복하고, 마지막 남은 선교의 때를 채워야겠다.

에필로그

견고한 진들은 무너지고 있다

'견고한 진을 깨고 승리자 되기.' 이 주제를 놓고 오랫동안 생각을 거듭해 왔다. 견고한 진은 반드시 무너진다. 견고한 여리고 성이 말씀에 대한 순종과 침묵의 기도, 나팔 소리와 함께한 찬양으로 무너졌다. 세계 복음화라는 대명제 아래 예수님의 말씀을 실천하다 투옥된 베드로, 그를 위해 드려진 성도들의 하나 된 믿음의 기도가 견고한 옥문을 열었다. 말씀에 순종하여 목숨 걸고 복음을 전하다 투옥된 그 견고한 감옥이 밤새 이어진 기도와 찬송으로 무너졌다. 하나님께서 부르시는 말씀을 이루려는 삼손의 회개 기도는 화려하기 이를 데 없어 무려 3,000명이 모여 잔치를 벌이던 견고한 집을 일거에 무너뜨렸다. 세상에서 가장 부유한 경제력과 강력한 군사력을 소유한 최강국의 웅장하고도 견고한 도시가 하나님의 말씀에 무너져 회개하며 하나님께 돌아왔다.

*

진리를 알지니 진리가 너희를 자유롭게 하리라(요 8:32).

나는 선한 싸움을 싸우고 나의 달려갈 길을 마치고 믿음을
지켰으니(딤후 4:7).

기적이 일어난다. 세상의 무너지지 않을 것 같은 견고한 진들이 우르르 무너지고 있다.

"내 속에 내가 너무도 많아 완고하고 견고한 진으로 가득한 내 마음을 부드럽게 녹여 주소서. 하나님 말씀이 잘 용납되고 포용될 수 있는 마음을 주소서. 말씀으로 녹아진 인격을 주소서. 오직 말씀에 순종함으로만 승리하는 삶을 주셔서 세상을 변화시키고 하나님께 영광이 되는 삶을 주소서!"

이재정 목사의 발자취

이재정(李載定, LEE JAE JUNG)

1955년 3월 20일	충청남도 논산시 강경읍에서 출생
1967년 2월	종암초등학교 졸업
1970년 2월	배재중학교 졸업
1973년 2월	배재고등학교 졸업
1973년 3월	한남대학교 영문학과 입학
1975년 10월	전투경찰 근무
1979년 1월 ~ 1980년 1월	서울시 5급 지방공무원 목동사무소 근무
1981년 12월	세례
1982년	한남대학교 영문학과 졸업
1983년 3월	서울신학대학교 신학대학원 입학
1983년 3월 ~ 1986년	서울 중앙지방 성진교회 교육전도사 시무
1986년 2월	서울신학대학교 신학대학원 졸업
1986년 ~ 1987년	십자군 전도대
1988년 ~	인도네시아 선교사 파송
1989년	인도네시아 입국
1989년	스마랑에서 제자양육 사역, STTN 신학교 사역 시작

1990년 4월	기독교대한성결교회 목사 안수
1995년	STTN 살라띠가 캠퍼스 건축 시작
1997년	STTN 살라띠가 캠퍼스 건축 완료
1997년	STTN 살라띠가 캠퍼스 개교
2000년까지	STTN 살라띠가 운영
2000년 3월 ~ 2020년 2월	자카르타 믿음교회 담임 역임.
2013년	박사학위(Trinity International University, Jerusalem Biblical Academy & University) 취득. 인도네시아 El Shadai 외 10개 현지 교회 봉헌 및 건축
2018년 2월 ~ 2020년 2월	동남아시아 직할지방회 회장 역임
2020년 12월 21일	33년 동안의 아름다운 발자취를 남기고 하나님 품에 영원히 안김

• 가족으로 아내 허승희, 장녀 이경아, 사위 이요셉, 손자 이윤성, 차녀 이은아가 있음.

어느 제자의 발문

자신이 있어야 할 곳과 죽어야 할 곳을 알고 있었던 신실한 목자

2020년 5월 15일 스승의 날이었습니다. 이재정 목사님에게 스마트폰으로 꽃다발 사진을 보냈습니다. 곧바로 답장이 왔습니다. 인도네시아 목회를 끝내고 한국에 들어와 어머니를 간호하고 있다고 했습니다. 5월 27일 오후, 경기도 수원에 있는 이재정 목사님 자택을 찾아갔습니다. 오랜만에 만난 목사님 부부는 여전했습니다. 특유의 해맑은 웃음과 소탈한 몸짓. 거실 침대에 누워 계신 노모님께 인사를 드렸습니다. 목사님은 어머니께 저를 친구라고 소개했습니다. 콩국수도 먹고 과일도 먹고 커피도 마시면서 참 많은 이야기를 나누었습니다.

목사님을 처음 만난 건 1983년 봄이었습니다. 서울신학대학교 신학대학원에 입학한 그는 뚝섬에 있는 성진교회에 교육전도사로 부임했습니다. 이후 졸업할 때까지 만 3년가량을 시무하다가 서원한 대로 인도네시아 선교 사역에 매진했으니 국내 교회에서의 목회 경험은 성진교회 시절이 유일했습니

다. 당시 학생들과 청년들을 지도하던 이재정 전도사님은 피 끓는 열정과 소신으로 뭉쳐 있었지만, 가장 매력적인 건 겸손하고 온화한 성품이었습니다.

학생들과 청년들 모임이 토요일 오후에 있었기에 이재정 전도사님은 주말마다 교회에 와서 주일까지 머물다 가셨습니다. 집이 먼 몇몇 청년들도 집회를 마친 뒤 교회 지하실에서 전도사님과 함께 밤을 지새웠습니다. 저도 그중 한 명이었습니다. 성경과 신앙 이야기도 나누었지만, 때가 때이니만큼 사랑과 연애 이야기, 시국과 정치 이야기도 빠짐없이 등장했습니다. 어떤 이야기를 해도 전도사님은 진지하게 다 들어주고 같이 공감하며 고민해 주었습니다.

몇 달 지난 10월 13일 낮, 저는 다시 이재정 목사님 자택을 방문했습니다. 아무리 코로나 팬데믹으로 전 세계가 초긴장 상태를 유지하고 있다 해도 기약도 없이 오랫동안 선교 현장을 떠나 있는 것은 바람직하지 않다는 생각에 이재정 목사님 부부가 인도네시아로 돌아갈 것을 결심했기 때문입니다. 출국 하루 전이었습니다. 거실 한쪽에 가져갈 짐들이 잔뜩 쌓여 있었습니다. 아무것도 모른 채 누워 계신 어머니의 눈빛이 유난히 애처로웠습니다. 마음이 무거웠습니다. 사태가 좀 진정되면 가시는 게 어떻겠느냐고 조심스레 만류해봤으나 소용이 없었습니다. 목사님이 직접 깎아준 사과를 먹고 내려준 커피를 마셨습니다. 그것이 지상에서 둘이 나눈 마지막 음식이 될 줄은 꿈에도 생각하지 못했습니다. 그날따라 옛날이야기를 많이 했습니다. 앨범을 전부 뒤져 성진교회 시절에 찍었던 사진을 모아 스캔을 해두었다고 했습니다. 지하실에서 며칠 밤을 새우면서 만들었던 청년회지도 찾았다며 좋아하셨습니다.

"그동안 글 써둔 게 있는데…… 이게 책이 될지 모르겠네?"

"아, 그래요? 언제부터 쓰신 건데요?"

"선교 사역 초기부터 조금씩 쓰기 시작했으니 기간은 꽤 됐지."

"그러면 가서 정리되는 대로 이메일을 통해 원고를 보내주세요. 제가 한번 볼게요."

"그래. 고마워. 책으로 만들어질 수 있는지 의견을 좀 줘."

"알겠습니다. 잘 읽고 멋진 책으로 만들어 보겠습니다."

주차장까지 배웅 나온 목사님이 머뭇거리며 말을 꺼냈습니다. 예전부터 선교지에서 틈틈이 글을 써보라고 권했던 차라 이미 써둔 글이 있다는 말을 듣고 무척 반가웠습니다. 이것이 세상에서 둘이 대면하여 나눈 마지막 대화였습니다. 제게는 유언 또는 유지였던 겁니다.

10월 26일 밤늦게 이메일 하나가 들어왔습니다. 잘 도착했다면서 이재정 목사님이 원고 일부를 보내온 겁니다. 읽어 보니 글이 괜찮았습니다. 30년 넘게 인도네시아에서 산 분 같지 않게 문장이 매끄럽고 흐름이 유려했습니다. 10월 27일 이메일 하나가 더 왔습니다. 초고의 절반 정도가 도착한 겁니다. 아직 제목도 없고 서론도 정리되지 않은 원고였습니다.

"목회와 신앙생활을 하며 내게는 심각하다고 생각했던 것들인데…… 문장 좀 가다듬어주고…… 하여튼 숙고해서 정리해 줘."

"글 내용과 방향이 좋습니다. 다른 걱정하지 말고 이대로 마저 쓰십시오."

11월 3일 늦은 시각, 이메일로 초고 원고 전체가 도착했고, 11월 9일 밤 전체적으로 다시 손질한 원고가 들어왔습니다. 처음 생각보다 양이 많지 않았지만, 꽤 빠른 탈고였습니다.

11월 30일 밤, 이재정 목사님에게 문자 메시지를 보냈습니다.

"목사님, 제가 요즘 너무 바빠서 원고 정리할 시간이 없네요. 틈틈이 손을 보겠습니다. 제가 하는 데까지 원고를 다듬어서 몇몇 출판사와 이야기를 나누어 볼 테니까, 그 사이에 목사님은 프롤로그를 쓰시고 에필로그를 다시 정리해서 보내주십시오."

"천천히 해. 감사……."

지금도 제 스마트폰에 남아 있는 목사님과 주고받은 문자 메시지의 맨 끝자락입니다.

12월로 접어든 지 22일째 되는 날 오전 11시 42분, 지인으로부터 문자 메시지 한 통이 날아들었습니다. 성진교회 출신 선배였습니다. 아는 사람으로부터 이재정 목사님의 부음을 들었다는 것이었습니다. 쇠망치로 머리를 세게 얻어맞은 듯 멍해졌습니다. 아무 생각이 나지 않았습니다. 지금 열심히 원고 손질하고 있는데…… 갑자기 돌아가시다니…… 아니, 왜?

성진교회 출신 목사님에게 확인한 결과 문자 메시지 내용은 모두 사실이었습니다. 목사님 부부 두 분이 얼마 전 한꺼번에 코로나19에 확진되었으나 허승희 선교사님은 점차 회복되었고, 이재정 선교사님은 병원에 입원해 치료 중 호흡 곤란으로 12월 21일 오후 3시 30분 하나님의 부르심을 받았다는 것입니다. 이로써 원고 손질 작업은 중단되었습니다. 이재정이라는 이름을 떠올리거나, 그가 쓴 원고를 들여다보는 일이 너무 고통스러웠기 때문입니다.

서울시 마포구 합정동에 있는 양화진외국인선교사묘원과 경기도 용인시 처인구에 있는 한국기독교순교자기념관에서 꽤 긴 시간 안내 봉사를 했었습니다. 한 곳은 나라의 운명이 풍전등화 같던 19세기 말 출세와 명예를 포기한 채 은둔의 나라 조선에 들어와 병자를 돌보고 학교를 세우고 복음을 전하던 서양 선교사와 그 가족들이 묻힌 곳이고, 한 곳은 이들과 함께 교회를 설립해 예수를 전파하면서 민족의 진정한 자주독립을 위해 헌신하다 생명을 바친 조상들을 기념하는 곳입니다. 참배객들과 방문객들을 맞이해 유택과 존영을 설명하면서 수없이 목이 메고 눈물을 쏟았던 기억이 아직도 생생합니다. 그래서 '메멘토 모리', 즉 인간은 반드시 죽는다는 것과 언제나 죽음을 기억하며 살아야 한다는 걸 누구보다 잘 알고 있었지만, 황망한 이재정 목사님의 죽음을 현실로, 가슴으로 받아들이기는 정말 어려웠습니다.

70여 년 전 6·25전쟁이 터졌을 때 남녘에 있는 외딴 섬마

을에서 한날한시에 두 명의 교회 지도자가 순교한 일이 있었습니다. 증도의 문준경 전도사님과 임자도의 이판일 장로님입니다. 외진 섬에서 태어나 제대로 배우지 못한 촌부가 구한말과 일제강점기를 견뎌낸다는 건 말로 할 수 없는 고난이었을 겁니다. 이들을 광명천지로 인도한 건 주님의 복음이었습니다. 무명의 필부로 삶을 마감할 수밖에 없었던 이들은 일순 마을과 신앙 공동체의 중심이 되었습니다. 전쟁의 소용돌이 속에 이들의 신앙과 지도력은 더욱 찬연히 빛을 발했습니다.

"비록 제가 죽을지언정 나 땜시 무고한 우리 신자가 죽어서는 안 되지라. 나 한나 죽는 것이야 암시랑토 안 허지만 백 전도사가 모진 수모를 겪고 있을 텡께 제가 이러고 있을 수는 없당께요. 어서 돌아가야쓰겄소. 한시라도 빨랑 말이오."

한국의 마더 테레사로 불리는 문준경 전도사님은 이렇게 말하면서 공산군이 점령 중인 증도로 들어가는 배를 탔습니다. 추호의 망설임도 없이 말이죠. 이판일 장로님 역시 마찬가지였습니다. 자신이 있어야 할 곳은 안전한 곳이 아니라 교인들이 있는 곳이라 믿었습니다.

"어무니와 가족들이 다 거가 있고, 뭣보담도 사랑하는 교인덜이 모다 거가 있는디, 나 혼자 살겄다고 여가 있을 수는 없지라. 언능 가서 교인덜과 교회를 살펴야 헌당께요."

공산군은 마을과 신앙 공동체의 구심점이었던 문준경 전도사님과 이판일 장로님 형제를 목포에 있는 정치보위부로 끌고 가 조사하는 중이었습니다. 회유와 협박이 통하지 않자

사상 교육을 하려 했던 겁니다. 그러다 극적으로 풀려난 이들은 얼마든지 목숨을 보전할 수 있었습니다. 그즈음 맥아더 사령관이 이끄는 유엔군이 인천상륙작전에 성공하여 서울을 수복했으니까요. 목포에서 숨어 지내며 조금만 추이를 보았다면 공산군이 물러간 뒤 증도와 임자도에 무사히 들어갈 수 있었습니다. 그러나 이들은 그런 길을 택하지 않았습니다. 자신들의 안위보다는 교회와 교인들을 먼저 생각한 것입니다. 섶을 지고 불길 속으로 뛰어든 셈이죠. 결국 이들은 1950년 10월 5일 새벽, 공산군의 무자비한 학살에 희생양이 되었습니다.

이재정 목사님의 죽음을 조금씩 사실로 받아들이게 되면서 문준경 전도사님과 이판일 장로님을 떠올린 것은 어쩌면 당연한 일이었습니다. 이재정 목사님 또한 얼마든지 일신의 안녕을 위해 코로나 사태가 진정될 때까지 한국에 머물 수 있었지만, 자신이 있어야 할 곳은 육신의 혈육이 있는 안전한 한국이 아니라 신앙의 혈육이 있는 위험한 인도네시아라고 믿었기에 서둘러 이곳을 떠났던 겁니다. 그들과 함께하며 그들을 돌보는 게 가장 중요한 일이었으니까요. 예수를 제대로 믿는다는 것, 예수의 올바른 제자가 된다는 건 이렇게 사는 게 아닌가 생각합니다. 나를 먼저 바라보는 게 아니라 예수를 먼저 바라보는 것이죠. 이재정 목사님은 그런 분이었습니다. 박해가 없었으니 그는 순교자가 아닙니다. 자신의 사역에 충실하다가 하나님의 부르심을 받은 순직자지요. 하지만 그의 순직은 순교 못지않게 숭고하고 장엄합니다. 천국에 계신 문준경 전도사님과 이판일 장로님도 그를 반겨 맞으셨을 겁니다.

우여곡절 끝에 마침내 이재정 목사님 책이 아름답게 출간되었습니다. 누구보다 출판계의 실상을 잘 알기에 홍성사에 깊은 감사를 드립니다. 제 책을 펴냈을 때보다 훨씬 더 기쁩니다. 이제껏 만났던 목사님 중에 가장 인격적이고 소박하고 진실했던 이재정 목사님, 마음 깊은 곳에서부터 존경과 사랑이 샘솟게 했던 이재정 목사님, 울고 웃으며 청춘을 함께 보낸 스승 이재정 목사님의 책을 제 손으로 펴낸 까닭입니다. 성진교회 지하실에서 피곤한 눈 비벼가며 청년회지를 만들 때 40여 년 후 이런 날이 오리라 짐작조차 하지 못했습니다. 이재정 목사님이 세상에 남긴 유일무이한 이 책이 이 땅의 많은 크리스천의 심령에 드리운 견고한 진을 깨뜨리는 영적 안전장치가 되길 간절히 소망합니다.

제가 얼마나 더 살지는 모르지만, 언젠가 홀연히 하나님의 부르심을 받게 되면 하늘나라에서 이재정 목사님을 만나 회포를 풀다가 돌연 공치사를 늘어놓게 될지도 모르겠습니다.

"목사님, 책 보셨어요? 잘 만들었죠? 저에게 주신 마지막 숙제 잘 해결했습니다."

유승준

작가. 《천국의 섬, 증도》, 《태양을 삼킨 섬》, 《서쪽 하늘 붉은 노을》, 《안동교회 이야기》 등 한국 교회 순교자와 신앙 선조들의 발자취를 좇는 책을 다수 집필했다.

말씀에 점을 찍고 승리하라

Trust in His Word and There is Victory :
The Sermons of The Late Pastor LEE, JAE JUNG

지은이 이재정
펴낸곳 주식회사 홍성사
펴낸이 정애주
국효숙 김의연 김준표 박혜란 손상범 송민규
오민택 임영주 주예경 차길환 허은

2021. 12. 1. 초판 1쇄 인쇄 2021. 12. 10. 초판 1쇄 발행

등록번호 제1-499호 1977. 8. 1.
주소 (04084) 서울시 마포구 양화진4길 3 전화 02) 333-5161 팩스 02) 333-5165
홈페이지 hongsungsa.com 이메일 hsbooks@hongsungsa.com
페이스북 facebook.com/hongsungsa
양화진책방 02) 333-5163

ISBN 978-89-365-0378-9 (03230)